감수 **중국어공부기술연구소**
저자 **정인선**

직장인 중국어 첫걸음
CBP 비즈니스 中国语 1 (입문 코스)

초판인쇄	2014년 10월 10일
1판 3쇄	2020년 5월 20일
저자	정인선
책임 편집	최미진, 가석빈, 高霞
펴낸이	엄태상
디자인	진지화
콘텐츠 제작	김선웅, 전진우
마케팅	이승욱, 전한나, 왕성석, 노원준
온라인 마케팅	김마선, 조인선
경영기획	마정인, 최성훈, 정다운, 김다미, 전태준, 오희연
물류	정종진, 윤덕현, 양희은, 신승진
펴낸곳	시사중국어사(시사북스)
주소	서울시 종로구 자하문로 300 시사빌딩
주문 및 교재 문의	1588-1582
팩스	(02)3671-0500
홈페이지	http://www.sisabooks.com
이메일	book_chinese@sisadream.com
등록일자	1988년 2월 13일
등록번호	제1-657호

ISBN 979-11-5720-000-9 14720
      978-89-7364-971-6(set)

* 이 책의 내용을 사전 허가 없이 전재하거나 복제할 경우 법적인 제재를 받게 됨을 알려 드립니다.
* 잘못된 책은 구입하신 서점에서 교환해 드립니다.
* 정가는 표지에 표시되어 있습니다.

머리말

한국과 중국은 지난 1992년 국교를 수립한 이후 22년간 정치, 경제, 사회, 문화 등 다양한 분야를 통해 활발하게 교류해 왔습니다. 더욱이 최근 들어 K팝과 드라마 등 한류 컨텐츠들이 중국 사람들의 마음을 움직이면서 정치, 경제 뿐만 아니라 문화 컨텐츠들의 중요성도 날로 커져가고 있습니다.

특히 중국이 미국과 함께 세계 경제를 움직이는 G2국가로 발돋움함에 따라 중국 시장에 진출하려는 한국 기업들의 숫자도 증가하고 있습니다. 과거 영어와 일본어를 중점으로 배웠던 것이 영어와 중국어로 바뀌어 가고 있다는 방증이기도 합니다. 중국에 진출했거나 진출하려는 비즈니스맨들에게 있어 중국어의 필요성은 거듭 강조해도 지나침이 없는 이유입니다.

이런 이유로 국내 대기업 및 많은 중소기업에서 임직원들에게 중국어 학습을 지원해주고 있습니다. 저자 자신도 많은 국내 기업들의 강의를 해오면서 다양한 교재로 강의를 해봤지만 회사원들의 실용적인 회화의 중점을 둔 교재가 많이 없다는 점에 늘 아쉬움이 있었습니다. 중국과의 비즈니스 기회가 많아지고 한국을 관광하는 중국인들의 숫자가 일본을 추월하면서 일상 중국어뿐 아니라 실전 비즈니스에서 사용할 수 있는 중국어가 이제는 필요한 시점입니다.

총 4권으로 구성된 이 책에는 중국어 입문, 초중급 학습자들을 위한 중국어 발음부터~중급 단계까지의 모든 문법 내용을 담고 있습니다. 또 매 과의 회화를 2개씩 담아 회사에서 일상적으로 일어나는 내용과 상황으로 꾸며 비즈니스 중국어 회화까지 쉽게 익힐 수 있도록 만들었습니다.

또한 많은 기업에서 요구하고 있는 TSC(Test of Spoken Chinese)를 미리 연습할 수 있도록 일상생활 및 비즈니스 상황 등을 소재로 해 질문에 답하거나 과제를 수행하는 형식을 연습 문제로 다뤘습니다. TSC는 '중국어 말하기 시험'으로 학교는 물론 국내 유수기업과 국가 기관 등에서 중국어 말하기 실력을 평가하는 기준으로 쓰이고 있습니다.

이 책으로 학습해 원활한 커뮤니케이션 능력을 습득하고, 특히 중국과의 비즈니스에서 적극 활용할 수 있기를 바랍니다. 저자 또한 이 책을 통해 여러분의 중국어에 밑거름이 됐으면 하는 작은 바람과 좋은 성과를 얻을 수 있는데 조금이나마 도움이 될 수 있기를 기대해 봅니다.

마지막으로 이번 중국어 교재를 쓰는데 아낌없는 응원과 큰 힘을 실어주신 시사중국어사의 박응철 이사님과 편집부 전유진 팀장님께 깊은 감사의 마음을 함께 올립니다.

아울러 든든한 버팀목이 된 가족들에게도 고마운 마음 전합니다.

정인선

차례

머리말 3
이 책의 활용법 6
TSC 소개 8
품사 정리 10
중국 소개 12

제0과　發音 Fāyīn　　　　　　　　　　　　　　　　　15
발음

제01과　你好！Nǐ hǎo!　　　　　　　　　　　　　　35
안녕하세요!

　학습내용　인사말 / 인칭대명사 / 동사술어문 (**是**/**叫**)
　더하기　다양한 인사말

제02과　请多指教。Qǐng duō zhǐjiào.　　　　　　49
잘 부탁드립니다.

　학습내용　지시대사 / 구조조사 **的** / 국적말하기
　더하기　한국 기업의 직위(**职位** zhíwèi)
　문화　중국인의 호칭

제03과　我的座位在哪儿? Wǒ de zuòwèi zài nǎr?　　65
제 자리는 어디에 있습니까?

　학습내용　방위사 / 동사 **在** / 의문대사 **哪儿**
　더하기　중국 기업의 직위(**职位** zhíwèi)

제04과　现在有空吗? Xiànzài yǒu kòng ma?　　79
지금 시간 있습니까?

　학습내용　**吗**의문문 / **有**자문 / 명량사 / 개사 **离**
　더하기　숫자1~10 / 손동작

| 제05과 | 我们在哪儿见面？ Wǒmen zài nǎr jiànmiàn? | 93 |

우리 어디에서 만날까요?

학습내용　년, 월, 일, 요일 / 시간 / 개사 **在**
더하기　　하루 일과에 관한 표현
문화　　　숫자 이야기

| 제06과 | 新工作好不好？ Xīn gōngzuò hǎo bu hǎo? | 109 |

새 일은 어때요?

학습내용　정반의문문 / 수를 묻는 의문문 / 형용사술어문
더하기　　중국의 패스트푸드

| 제07과 | 新手机号码是多少？ Xīn shǒujī hàomǎ shì duōshao? | 123 |

새 핸드폰 번호는 몇 번입니까?

학습내용　전화번호 묻고 답하기 / 인민폐 읽는 법 / 어기조사 **了**
더하기　　중국의 화폐 – 인민폐

| 제08과 | 我想办出入卡。 Wǒ xiǎng bàn chūrùkǎ. | 137 |

저는 출입카드를 만들고 싶습니다.

학습내용　**要**의 쓰임 / **想**의 쓰임 / **听说**
더하기　　명함 읽기
문화　　　중국의 브랜드 네이밍

간체자 구성 원칙　154
한자 필순의 기본 원칙　155
해석　156
연습문제 정답　160
과별 색인　165
병음 색인　170
중국어 음절표　176

이 책의 활용법

단원 시작
주요 학습 내용과 주인공의 말풍선을 통해 이 과에서 배울 내용을 미리 알 수 있도록 하였습니다.

🎧 000 이 표시는 mp3 음성 파일과 그 부분의 해당 track 번호입니다.

핵심문장 다시보기
새로운 과를 배우기 전에 앞의 과에서 배운 내용 중 핵심 문장을 복습할 수 있도록 하였습니다.

핵심단어 미리보기
그 과에서 배울 새로운 단어 중에서 핵심 단어 5개를 미리 익히고 본문을 공부할 수 있도록 하였습니다.

회화
간단하면서도 실생활에 활용가능하도록 회사에 입사하면서 접하게 될 상황들을 순서대로 구성하였습니다. 또한, 보충 설명이 필요한 부분은 Tip을 추가 하였습니다.

꼬마사전
각 회화에 나오는 새로운 단어를 보기 좋게 정리했습니다.

정리노트
본인이 직접 어법을 정리한 것 같은 느낌으로 어법을 간단명료하게 정리해서 쉽게 익힐 수 있도록 하였습니다.

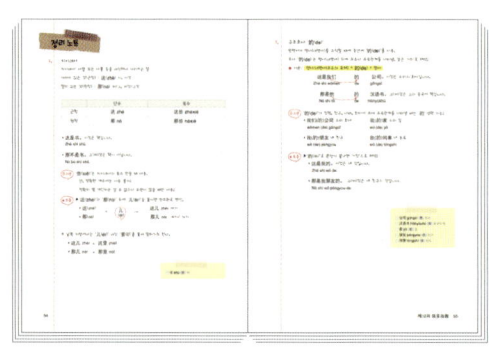

핵심표현 짚어보기
각 과에서 보충설명이 필요한 두 개의 구문들을 간단하게 설명하고, 예문들을 통해 그 구문을 충분히 연습할 수 있도록 구성하였습니다.

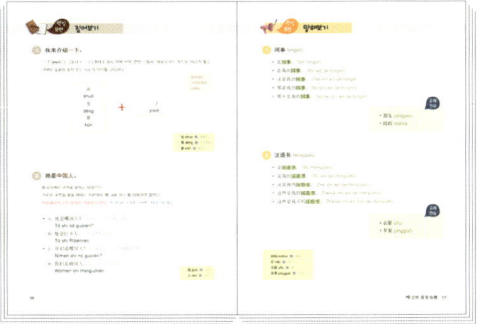

핵심문형 말해보기
문형연습을 하면서 중국어 어순에 맞게 문장을 정확하게 말할 수 있는 연습을 충분히 할 수 있도록 문장 확장 형태로 구성하였습니다.

연습문제
각 과에서 배운 내용들을 듣기, 말하기, 읽기, 쓰기로 나눠서 복습할 수 있도록 구성하였습니다.

TSC 도전하기
중국어 말하기 시험인 TSC 문제 유형으로 말하기 연습과 동시에 TSC 시험 대비까지 한번에 할 수 있도록 하였습니다.

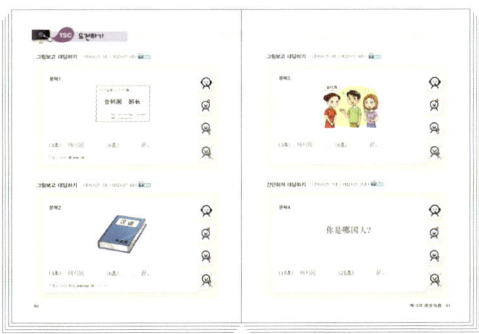

더하기
각 과와 관련된 추가 단어들을 익힐 수 있게 하여 더 풍부한 어휘력을 갖출 수 있도록 하였습니다.

읽을 거리
중국 문화를 사진과 함께 소개해서 중국을 이해하는 데 도움이 되도록 하였습니다.

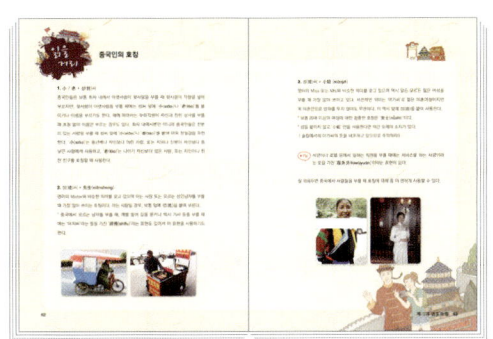

TSC 소개

1. TSC란?

TSC는 Test of Spoken Chinese의 약자이다.
컴퓨터에 장착된 헤드셋을 이용하여 시험이 진행되며 응시자는 각자의 헤드셋을 통해 문제를 듣고 제한된 시간내에 헤드셋에 장착된 마이크를 통해 답변을 녹음하는 인터뷰 형식의 중국어 말하기 능력 시험이다.
TSC는 총 26문항의 문제가 출제되며 응시자가 녹음한 답변을 발음, 어휘, 문법, 유창성 등으로 평가 항목을 구분하여 수준에 따라 1급부터 10급까지의 등급으로 표시하여 성적표를 제공한다.

2. 구성

* TSC는 모두 7개의 파트 / 총 26문항으로 구성된다.
* 평가시간은 50분(오리엔테이션: 20분, 시험: 30분)정도 소요된다.

구분		구성	문항수	준비시간(초)	대답시간(초)
제1부분	自我介绍 (자기 소개)	간단한 자기소개	4	0	10
제2부분	看图回答 (그림보고 대답하기)	제시된 그림에 맞는 답변 완성	4	3	6
제3부분	快速回答 (신속하게 대답하기)	일상생활과 관련된 화제에 대해 대화 완성	5	2	15
제4부분	简短回答 (간단하게 대답하기)	일상적인 화제에 대해 간단히 설명	5	15	25
제5부분	拓展回答 (확장하여 대답하기)	자신의 견해를 논리적으로 확장 및 전개	4	30	50
제6부분	情景应对 (상황에 맞게 대응하기)	주어진 상황에 적절히 대응하여 답변	3	30	40
제7부분	看图说话 (그림보고 말하기)	연속된 그림 4개를 보고 스토리 만들어 답변	1	30	90

* 응시자의 부담을 최소화하기 위하여 시험의 전반부는 비교적 대답하기가 쉬운 난이도의 문제들이 출제되며 시험에 적응하고 어느 정도 자신감을 갖고 대답할 수 있는 후반부로 가면 점점 문제의 난이도가 높아지도록 설정되었다.

3. TSC 등급

LEVEL		내용
1급	初級 (초급)	간단한 인사와 이름, 나이 등 간단한 자기소개 가능 수준
2급		학습한 단어와 구를 활용하여 제한적이지만 기초회화 구사 가능
3급	中級 (중급)	간단한 수준의 초급회화 구사 가능
4급		초급 회화 구사 가능, 기초적인 사회활동에 필요한 대화가 가능하나 발음, 어휘, 문법 오류가 종종 있으며, 말하는 속도가 약간 느림
5급		초.중급 회화 구사 가능, 일상화제에 대하여 구체적으로 답변 가능 현지에서 기본적인 사회 생활하는데 큰 문제가 없는 수준 기본적인 문법과 어휘를 활용하여 쉬운 주제에 관한 설명이 가능하고, 구사력은 우수한 편이나 발음, 어휘, 문법 오류 잦음
6급		중급 회화 구사 가능, 일반적인 주제에 대해 자유롭게 표현 가능 고급 수준의 문법을 충분히 이해하고 있지 못해서 활용도가 떨어져 어휘, 문법 오류 잦음
7급		중고급 회화 구사 가능, 익숙하지 않은 화제 또는 고급 수준의 화제에 대해서도 어느 정도 답변이 가능하지만 실수가 있고, 고급 부분에서 유창성이 떨어짐
8급	上級 (상급)	고급 회화 구사, 대부분 일상화제에 대하여 분명하고, 설득력을 갖추어 말할 수 있는 수준, 비교적 폭넓은 어휘와 고급 수준의 문법을 활용하여 자신의 의견 전달이 가능하지만 실수가 종종 있고 고급 부분에서 유창성이 떨어짐
9급		고급 회화 구사 가능, 전범위 유창하게 발화함
10급		최고급 회화 구사 가능, 전범위 최상의 중국어 실력

*주요 기업에서 직원 채용 및 승진 평가 기준으로 TSC를 인정하고 있다.
 (일반적으로 LEVEL4부터 어학성적으로 인정)

품사 정리   *품사란? 한 단어가 갖고 있는 성질을 말하는 것

- 명사   사람이나 사물의 명칭을 나타내는 말
- 대(명)사   명사를 대신하는 말
- 동사   사람 또는 사물의 동작이나 상태를 나타내는 말
- 조동사   동사 앞에서 동사를 도와 능력, 가능성, 허가, 의무, 바람 등을 나타내는 말
- 형용사   사물이나 사람의 성질, 상태를 나타내는 말
- 수사   수를 나타내는 말
- 양사   명사의 수량이나 동작의 횟수를 셀 때 쓰는 단위
- 부사   시간, 장소, 빈도 등의 뜻으로 동사를 수식하거나 정도의 뜻으로 쓰여 형용사를 수식하는 말
- 개사(전치사) 명사, 대(명)사 앞에 쓰여 시간, 장소, 대상 등을 나타내는 말

  [전치사 + 목적어(명사)]형태로 구(句)를 만들어 부사어, 관형어, 보어로 쓰임
- 접속사   단어와 단어, 구와 구, 절과 절을 연결하는 말

  (*접속사는 연결을 해주는 것이므로 단독으로 문장성분이 될 수 없다.)
- 조사   단어를 연결하고 구를 구성하는 역할을 하는 것

  (*일반적으로 단독 사용 불가하며, 구체적인 의미도 없다.)
- 감탄사   놀람, 대답, 감탄, 응답, 기쁨 등을 나타내는 말

  (*보통 문장 앞에 위치하고, 단독으로 문장성분이 될 수 없다.)
- 의성사   사물이나 사람, 자연에서 나는 소리를 표현하는 말

문장 성분

- 주어[主语]   서술의 대상으로 동작을 하거나 동작을 받는 성분 (명사/대명사)
- 술어[谓语]   문장에서 주어가 '어떻다'라고 설명해주는 성분 (동사/형용사)
- 목적어[宾语]   동작의 대상을 나타내는 성분
- 한정어(관형어)[定语] 주어나 목적어 앞에서 수식 또는 제한하는 성분
- 상황어(부사어)[状语] 술어 혹은 문장 앞에서 동작 혹은 문장의 전체의 상황을 설명하는 성분
- 보어[补语]   술어 뒤에서 술어를 보충, 설명하는 성분

품사 약호표

약호	한국어	중국어	발음
명	명사	名词	míngcí
고유	고유명사	专有名词	zhuānyǒumíngcí
대	대(명)사 인칭대(명)사 지시대(명)사 의문대(명)사	代词 人称代词 指示代词 疑问代词	dàicí rénchēng dàicí zhǐshì dàicí yíwèn dàicí
동	동사	动词	dòngcí
조동	조동사 (능원동사)	助动词 (能愿动词)	zhùdòngcí (néngyuàn dòngcí)
형	형용사	形容词	xíngróngcí
수	수사	数词	shùcí
양	양사 명량사 동량사	量词 名量词 动量词	liàngcí míngliàngcí dòngliàngcí
부	부사	副词	fùcí
개	개사(전치사)	介词	jiècí
접	접속사	连词	liáncí
조	조사 동태조사 구조조사 어기조사	助词 动态助词 结构助词 语气助词	zhùcí dòngtài zhùcí jiégòu zhùcí yǔqì zhùcí
감탄	감탄사	叹词	tàncí
의성	의성사	象声词	xiàngshēngcí

중국 소개

1. 중국 국명(国名)

중화인민공화국(中华人民共和国 Zhōnghuá Rénmín Gōnghéguó) / 약칭- 중국(中国)
중화인민공화국은 1949년 10월1일 마오쩌둥(毛泽东 Máo Zédōng)전 국가주석이 천안문광장에서 '중국인민은 일어섰다'라고 선포함으로써 공식적으로 탄생되었다. 중국최대 명절 중 하나인 국경절은 이날을 기념하기 위해 제정되었다.

2. 중국 국기(国旗)

오성홍기(五星红旗 wǔxīnghóngqí)
빨간색 바탕에 좌측 상단에 5개의 노란색 별이 그려져 있다. 1개의 큰 별을 우측에서 4개의 작은별이 감싸고 있는 모양이다. 큰 별은 중국공산당을 나타내고 4개의 작은별은 노동자, 농민, 도시소자산계급, 민족자산계급을 의미한다. 중국공산당 지도하에 인민들의 대단결을 상징하고 있는 것이다. 빨간색 바탕은 혁명을 상징하며 별이 노란색인 이유는 황색인종과 황화문명을 상징한다.

3. 중국 휘장(国徽)

빨간 바탕과 노란별이 나타내는 상징적 의미는 중국의 휘장에서도 보인다. 중국의 국가 휘장은 전체적으로 원형이고, 다섯개 별 아래 천안문이 도안의 중심을 이루며, 주위는 곡식의 이삭과 톱니로 되어 있다. 여기서 천안문은 혁명전통과 새로운 민족정신을 상징하고, 쌀과 보리 이삭은 농민을 의미하고, 아래의 톱니바퀴는 공장노동자를 의미한다. 중국의 국가휘장은 주요 기관의 현관이나 동전 뒷면에서 쉽게 찾아볼 수 있다.

4. 중국 국가(国歌)

의용군행진곡(义勇军进行曲 Yìyǒngjūn Jìnxíngqǔ)
일본제국주의에 항전하던 시기에 만들어져 1949년 중국의 국가로 채택되었으며, 국가 수호와 민족의 존엄을 위한 중화민족이 굳센 의지와 불굴의 정신이 영원할 것을 담고있다.

5. 중국 행정 구역

1. 4개의 직할시[直辖市 zhíxiáshì]

북경시(베이징) : 北京市(京) Běijīng Shì	천진시(톈진) : 天津市(津) Tiānjīn Shì
상해시(상하이) : 上海市(沪) Shànghǎi Shì (Hù)	중경시(충칭) : 重庆市(渝) Chóngqìng Shì (Yú)

2. 23개의 성[省 shěng]

하북성 : 河北省(冀) Héběi Shěng (Jì)	산서성 : 山西省(晋) Shānxī Shěng (Jìn)
요녕성 : 辽宁省(辽) Liáoníng Shěng	길림성 : 吉林省(吉) Jílín Shěng
흑룡강성 : 黑龙江省(黑) Hēilóngjiāng Shěng	강소성 : 江苏省(苏) Jiāngsū Shěng
절강성 : 浙江省(浙) Zhèjiāng Shěng	안휘성 : 安徽省(皖) Ānhuī Shěng (Wǎn)
복건성 : 福建省(闽) Fújiàn Shěng (Mǐn)	강서성 : 江西省(赣) Jiāngxī Shěng (Gàn)
산동성 : 山东省(鲁) Shāndōng Shěng (Lǔ)	하남성 : 河南省(豫) Hénán Shěng (Yù)
호북성 : 湖北省(鄂) Húběi Shěng (È)	호남성 : 湖南省(湘) Húnán Shěng (Xiāng)
광동성 : 广东省(粤) Guǎngdōng Shěng (Yuè)	해남성 : 海南省(琼) Hǎinán Shěng (Qióng)
사천성 : 四川省(川, 蜀) Sìchuān Shěng (Shǔ)	귀주성 : 贵州省(贵. 黔) Guìzhōu Shěng (Qián)
운남성 : 云南省(云. 滇) Yúnnán Shěng (Diān)	섬서성 : 陕西省(陕. 秦) Shǎnxī Shěng (Qín)
감숙성 : 甘肃省(甘. 陇) Gānsù Shěng (Lǒng)	청해성 : 青海省(青) Qīnghǎi Shěng
대만성 : 台湾省(台) Táiwān Shěng	

3. 5개의 자치구[自治区 zìzhìqū]

내몽고자치구	: 内蒙古自治区(内蒙古) Nèiměnggǔ Zìzhìqū
광서장족자치구	: 广西壮族自治区(桂) Guǎngxī Zhuàngzú Zìzhìqū (guì)
영하회족자치구	: 宁夏回族自治区(宁) Níngxià Huízú Zìzhìqū
신장 위구르자치구	: 新疆维吾尔自治区(新) Xīnjiāng Wéiwú'ěr Zìzhìqū
서장 자치구	: 西藏自治区(藏) Xīzàng Zìzhìqū

4. 2개의 특별행정구[特别行政区 tèbiéxíngzhèngqū]

홍콩	: 香港特别行政区(港) Xiānggǎng Tèbiéxíngzhèngqū
마카오	: 澳门特别行政区(澳) Àomén Tèbiéxíngzhèngqū

* 홍콩은 1997년 영국으로부터, 마카오는 1999년 포르투갈로부터 중국으로 반환되었다.
 이 두 특별행정구는 '일국양제(一国两制)'의 정치제도로 통치된다.
* 괄호( )안 글자는 지명의 약자이다.

중국 행정 구역

发音

Fāyīn

발음

중국어를 배우기 전에 꼭 알아두자!!

1 한어와 보통화란 무엇인가?

우리는 중국 사람이 사용하는 말을 뭉뚱그려서 중국어라고 하지만, 정작 중국에서는 '중국어(中国语 Zhōngguóyǔ)'라는 말을 별로 쓰지 않는다. 중국의 전체 인구의 94%이상을 차지하는 한족(汉族 Hànzǔ) 이외에도 6%를 이루는 55개의 소수민족이 있고, 각 민족은 그들만의 언어와 문자를 가지고 있다. 소수민족의 언어도 넓은 의미에서 보면 중국어라 볼 수 있다. 그래서 중국에서는 주로 '한족의 말', '한족이 쓰는 언어'를 뜻하는 '한어(汉语 Hànyǔ)'라는 단어를 쓴다. 한족이 인구의 절대 다수를 차지하므로 자연히 한족의 말이 중국을 대표하는 언어가 된 것이다. 우리가 흔히 생각하는 중국어가 바로 '한어'이다. 그럼 '보통화(普通话 Pǔtōnghuà)'는 뭘까? 간단히 말하면 보통화는 현대한어의 표준어이다. 땅이 넓고 인구가 많은 중국이다 보니 한어에도 무수한 사투리가 있어 심한 경우에는 서로 전혀 알아듣지 못할 정도이기 때문에 국민통합과 경제발전에 장애물이기도 하다. 그래서 이런 장애를 극복하기 위해 중국 정부에서는 공통적인 언어를 제정하게 되었다. '북경어음(北京语音)을 표준음으로 하고, 북방어를 기초 어휘로 하며 전형적인 현대백화로 쓰인 저작을 문법적인 기준으로 삼은 공통어'로서 표준어가 제정되었는데 이것을 오늘날 중국에서 '보통화'라고 부른다. 바로 우리가 배우게 될 중국어이다.

* 보통화는 북경발음을 표준으로 하기 때문에 흔히 '북경어'라고도 하지만, 실제로는 북경에서 많이 쓰이는 말도 표준어로 인정되지 않고 '북경방언'으로 분류되는 경우가 많다.

▶ 중국 소수 민족

2 간체자란 무엇인가?

중국에서는 한자를 사용하는데 그 한자는 우리가 쓰는 것과 다른 것이 많다. 바로 간체자(简体字 jiǎntǐzì)이다. 1949년 모택동이 중국의 한자(번체자)가 복잡하고 어려워 사람들이 배우기 어렵다고 하여 한자의 간결화를 꾸준하게 전개하였다고 한다. 1964년 문자개혁위원회에서 총2238자를 간단화 시킨 '간화한자총표'를 발표하였고, 그 이후에도 수정을 거쳐 1986년 최종적으로 발표한 '간화한자총표'의 기준을 따르고 있다.

* 우리나라, 대만, 홍콩에서는 전통 한자인 번체자(**繁体字** fántǐzì)를 쓰고 있다.
* 자세한 간체자의 원리 설명 부록(p.154) 참조

3 한어병음자모란 무엇인가?

한자는 눈으로 보고 뜻을 알기에는 편리하지만 소리를 나타내지 못한다. 따라서 1958년 한자 읽는 법을 나타내는 알파벳 로마자 표기법을 제정 공포하였다. 중국어 발음은 '로마자 기호'와 '성조 부호'로 나타내는데, 이 둘을 합쳐서 '한어병음자모(汉语拼音字母 **Hànyǔ pīnyīn zìmǔ**)'라고 한다.

* 병음은 알파벳으로 표기하나 중국어의 발음을 나타내기 위해 만들어진 체계이기에 영어식 발음과는 차이가 있으니 주의해야 한다.

4 중국어 음절의 구성

중국어의 음절은 성모, 운모, 성조로 구성된다. 성모는 우리말의 '자음'에 해당되며, 운모는 '모음'에 해당된다. 성조는 음의 높낮이를 말한다.

성조(声调 shēngdiào)

성조란 음절에서 음의 높낮이를 말한다. 중국어 표준어에서는 4개의 기본성조와 성조가 붙지 않는 경성을 더하면 다섯 개의 음이 있다고 할 수 있다. 발음은 같아도 성조가 다르면 뜻이 완전히 달라지기에 많은 연습이 필요하다.

4개의 기본 성조와 경성 001

■ 1성 (ˉ)

5도 정도의 높은 음에서 시작해서 변화없이 평평하고 길게 소리를 유지하는 음이다.
붉은 악마의 함성 '대한민국'의 '대'음과 비슷한 높이로 생각하고 발음한다.

■ 2성 (ˊ)

3도 정도의 보통 음에서 시작하여 5도 정도까지 빠르게 올라가는 음이다.
'왜?'라고 물어보듯 중간음에서 시작하여 고음으로 경쾌하게 올려준다.

■ 3성 (ˇ)

2도 정도의 낮은음에서 시작해 가능한 한 소리를 눌러 낮춰 준 다음 그 반동에 의해 자연스럽게 4도 정도까지 올라가는 음이다.
무엇인가 깨달았을 때 '아~~~그렇구나' 라고 끄덕이는 느낌으로 소리낸다.

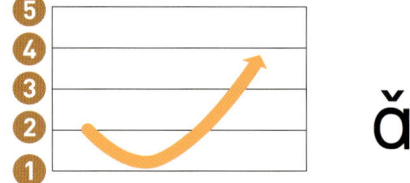

발음 发音 Fāyīn

■ 4성 (╲)

5도 정도의 높이에서 빠르고 강하게 밑으로 곤두박질 치는 느낌으로 내려가는 음이다.
누군가 때렸을 때 '아!' 하는 느낌으로 소리낸다.

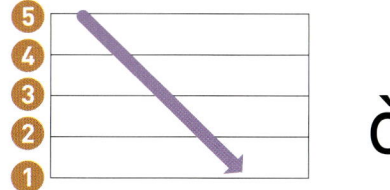

■ 경성

중국어에는 다른 음 뒤에 붙어서 원래 소리보다 짧고 약하게 발음되는 음이 있는데 이것을 '경성'이라고 한다. 경성은 성조 부호를 표시하지 않는다. 경성의 높이는 그 앞에 있는 음절의 높이에 따라 달라진다.

＊ 1성 뒤에서는 2도로, 2성 뒤에서는 3도로, 3성 뒤에서는 4도로, 4성 뒤에서는 1도로 발음된다.

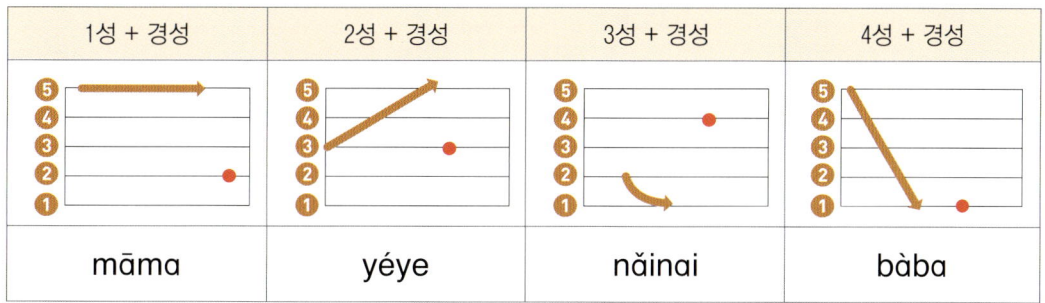

중국어 발음

운모(韵母 yùnmǔ)

운모는 우리말의 모음에 해당한다.

① 단운모 🎧 002

a   o   e   i   u   ü

[아]   [오〈어]   [으〈어]   [이]   [우]   [위]

* 'ü'음은 우리말 '위'와 비슷하지만 입모양이 퍼지지 않도록 주의해야 한다.

② 복운모 🎧 003

복운모는 마치 두 개의 음이 합쳐진 것처럼 보이나 하나의 음이다.
뒷음절에 비해 앞음절을 상대적으로 약간 길게 소리낸다.

ai   ei   ao   ou

[아이]   [에이]   [아오]   [어우]

③ 비운모 🎧 004

코로 공기를 내보내면서 내는 소리이다.
'-n'을 발음할 때는 혀끝이 윗니에 닿아야 하고, '-ng'를 발음할 때는 목구멍이 닫히지 않도록 주의한다.

an   en   ang   eng   ong

[안]   [언]   [앙]   [엉]   [웅]

④ 권설운모 🎧 005

혀끝을 입천장쪽으로 살짝 말아 우리말의 '얼'처럼 발음한다.
이때 혀끝은 입천장에 닿지 않도록 주의한다.

er

[얼]

발음 发音 Fāyīn

⑤ 결합운모 🎧 006

운모 'i, u, ü'와 결합해서 만들어진 운모를 말한다.
결합운모는 복운모와 반대로 앞음절을 짧게, 뒷음절을 길게 소리낸다.

▶ i 결합운모 : 단독으로 음절 구성시 'i'를 'y'로 바꾸어 쓴다.

ia	ie	iao	iou	ian	in
[이아]	[이에]	[이아오]	[이오우]	[이엔]	[인]
ya	ye	yao	you	yan	yin

iang	ing	iong
[이앙]	[잉]	[이웅]
yang	ying	yong

* iou : 성모와 결합할 때 'iu'로 표기한다.
  예) j + iou → jiu / l + iou → liu

▶ u 결합운모 : 단독으로 음절 구성시 'u'를 'w'로 바꾸어 쓴다.

ua	uo	uai	uei	uan	uen
[우아]	[우어]	[우아이]	[우에이]	[우안]	[우언]
wa	wo	wai	wei	wan	wen

uang	ueng
[우앙]	[우엉]
wang	weng

* uei : 성모와 결합할 때 'ui'로 표기한다.
  예) sh + uei → shui / d + uei → dui
* uen : 성모와 결합할 때 'un'으로 표기하며 이때 발음은 '운'으로 가능하다.
  예) c + uen → cun

▶ ü 결합운모 : 단독으로 음절 구성시 'ü' 앞에 'y'를 덧붙여 사용하며, 이때 '¨'은 생략한다.

üe　　üan　　ün
[위에]　　[위엔]　　[윈]

yue　　yuan　　yun

* 'ü'와 결합할 수 있는 성모는 'n, l' 뿐이며, 성모 'j, q, x'와 결합할 때에는 '¨'을 생략하고 'u'만 표기한다.

   예　j + ü → ju　　　q + ü → qu　　　x + ü → xu
   　　j + üe → jue　　q + üe → que　　x + üe → xue
   　　j + ün → jun　　q + ün → qun　　x + ün → xun
   　　j + üan → juan　q + üan → quan　x + üan → xuan

※ 갈색은 성모 없이 단독으로 사용될 경우의 표기이다.
※ 붉은색으로 표시된 부분은 주의해야 할 발음이다.

Tip 주의해야할 발음
ei, ie, ian, uei, üe, üan 등의 발음에서 'e'와 'a'는 '에'에 가까운 소리로 발음한다.

발음 发音 Fāyīn

연습문제

1. 다음 녹음을 듣고 운모를 찾아보세요. 🎧 007

  (1) o ☐   e ☐
  (2) u ☐   ü ☐
  (3) an ☐   en ☐
  (4) iou ☐   ian ☐
  (5) ie ☐   ei ☐
  (6) ua ☐   uo ☐
  (7) en ☐   in ☐
  (8) uang ☐   ueng ☐
  (9) wai ☐   wei ☐
  (10) yao ☐   you ☐

2. 다음 녹음을 듣고 운모를 써보세요. 🎧 008

  (1) _____
  (2) _____
  (3) _____
  (4) _____
  (5) _____
  (6) _____
  (7) _____
  (8) _____
  (9) _____
  (10) _____

성모(声母 shēngmǔ)

성모는 우리말의 자음에 해당된다. 총 21개로 이루어져 있다.

① 쌍순음과 순치음 🎧 009

쌍순음 : 윗입술과 아랫입술 소리 (b, p, m) / 순치음 : 윗니와 아랫입술 소리 (f)

b(o)   **p(o)**   **m(o)**   **f(o)**
[뽀어]   [포어]   [모어]   [포어]

* [b]: 위아래 입술을 가볍게 붙였다 떼면서 발음한다.
* [p]: '[b]'보다 더 세차게 공기를 뿜으면서 발음한다.
* [m]: 우리말 'ㅁ'발음과 비슷하나 콧소리를 낸다.
* [f]: 영어의 'f'처럼 아랫입술에 윗니를 가볍게 대고 그 틈으로 공기를 마찰시켜 발음한다.

笔 펜	跑 달리다	买 사다	饭 밥
bǐ	pǎo	mǎi	fàn

② 설첨음 : 혀끝과 윗잇몸 소리 🎧 010

d(e)   **t(e)**   **n(e)**   **l(e)**
[뜨어]   [트어]   [느어]   [르어]

* [d]: 혀끝을 윗잇몸에서 가볍게 떼면서 발음한다.
* [t]: '[d]'보다 더 세차게 공기를 뿜으면서 발음한다.
* [n]: 우리말의 'ㄴ'발음과 비슷하나 콧소리를 낸다.
* [l]: '랄랄라'를 발음하듯이 입천정에 정확히 붙여주었다가 튕겨주듯이 발음한다.

读 읽다	听 듣다	男 남자	累 피곤하다
dú	tīng	nán	lèi

발음 发音 Fāyīn

③ 설근음 : 혀뿌리와 입천장 소리 🎧011

혀뿌리소리는 혀의 뿌리쪽과 입천장 안쪽이 마찰되게 하는 방식으로 거친 소리를 낸다. 배에서부터 음을 끌어내듯 발음하며 '꺼, 커, 허'로 발음하지 않도록 주의해야 한다.

g(e)　　k(e)　　h(e)
[끄어]　　[크어]　　[흐어]

* [g]: 입 앞쪽이 아니라 위의 요령으로 '끄'소리를 내며 'e'발음으로 끝낸다.
* [k]: '[g]'보다는 더 세차게 공기를 내뿜으며 발음한다.
* [h]: 혀뿌리를 입천장 가까이 대고 그 틈으로 공기를 마찰시켜 발음한다.

④ 설면음 : 혓바닥과 입천장 소리 🎧012

혀끝을 아랫니와 잇몸이 만나는 곳에 두고 발음한다.

j(i)　　q(i)　　x(i)
[지]　　[치]　　[시]

* [j]: 혀의 앞면을 입천장에서 가볍게 떼면서 발음한다.
* [q]: 강한 압력으로 혀의 앞면을 입천장에서 가볍게 떼면서 발음한다.
* [x]: 위의 '[j], [q]'와 동일한 방법으로 하되, 영어의 'see'처럼 발음하면 안 된다.

⑤ 설치음: 혀끝과 이 소리 🎧 013

윗니와 아랫니를 나란히 하여 혀끝으로 윗니와 아랫니 사이의 틈으로 새는 공기를 마찰시켜 내는 소리이다.

z(i)　　c(i)　　s(i)
　[쯔]　　　[츠]　　　[쓰]

* [z]: 혀끝을 윗니 뒤쪽에서 가볍게 약간 떼면서 발음한다.
  　우리말 'ㅉ'를 발음할 때보다 혀끝을 좀 더 앞쪽으로 이동한다.
* [c]: 강한 압력으로 혀끝을 윗니 뒤쪽에서 약간 떼면서 발음한다.
  　우리말 'ㅊ'를 발음할 때보다 혀끝을 좀 더 앞쪽으로 이동한다.
* [s]: 혀끝을 윗니 뒤쪽에 가까이 대고 그 틈으로 공기를 마찰시켜 발음한다.
  　우리말의 'ㅆ'를 발음할 때보다 혀끝을 좀 더 앞쪽으로 이동한다.

坐 앉다	菜 요리	伞 우산
zuò	cài	sǎn

⑥ 권설음 : 혀끝과 입천장 소리 🎧 014

혀를 뒤로 당겨 혀 모양을 전체적으로 오목하게 만들고 혀끝을 입천장에 붙였다가 살짝 떼면서 그 좁은 틈으로 공기가 마찰하면서 새어 나오는 소리이다.

zh(i)　　ch(i)　　sh(i)　　r(i)
　[즈]　　　[츠]　　　[스]　　　[르]

* [zh]: 혀 끝을 입천장에서 가볍게 살짝 떼면서 '즈' 소리를 낸다.
  　우리말 'ㅈ'와 달리 혀가 숟가락모양이 된다.
* [ch]: '[zh]'와 비슷한 요령으로 더 세게 공기를 내뿜으며 '츠' 소리를 낸다.
  　우리말 'ㅊ'과 달리 혀가 숟가락모양이 된다.
* [sh]: '[zh], [ch]'의 경우는 혀끝이 입천장에 닿았다가 떨어지나 '[sh]'의 경우는 혀끝이 붙지 않는 상태에서 앞으로 공기를 내뿜으며 'ㅅ' 소리를 낸다.
  　우리말 'ㅅ'와 달리 혀가 숟가락모양이 된다.
* [r]: '[sh]'와 마찬가지의 요령으로 하되, 혀끝을 약간 더 뒤쪽으로 보내서 '르' 발음에 가까운 발음을 낸다.
  　혀가 숟가락모양이 된다.

발음 发音 Fāyīn

找 찾다	茶 차	山 산	人 사람
zhǎo	chá	shān	rén

■ 성모 (21개)

	무기음	유기음	순음	마찰음	
순 음	b	p	m	f	
설첨음	d	t	n		l
설근음	g	k		h	
설면음	j	q		x	
설치음	z	c		s	
권설음	zh	ch		sh	r

Tip 예사소리와 된소리 발음
1성, 4성일때에는 된소리로, 2성, 3성일 때에는 예사소리로 발음한다.

	1성, 4성	2성, 3성
b	ㅃ	ㅂ
d	ㄸ	ㄷ
g	ㄲ	ㄱ
j	ㅉ	ㅈ
x	ㅆ	ㅅ
z	ㅉ	ㅈ
s	ㅆ	ㅅ

성조의 변화

1. 3성의 성조 변화 🎧 015

(1) 3성과 3성이 나란히 쓰일 경우, 앞의 3성은 2성으로 발음한다.

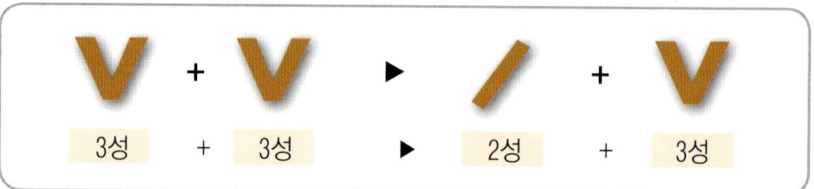

□ 水果 shuǐguǒ 과일   □ 广场 guǎngchǎng 광장

(2) 3성 뒤에 1성, 2성, 4성 및 경성이 오면 3성은 반3성(半三声)으로 발음한다.
(*반3성 : 3성처럼 뒤끝을 올리지 않고 그냥 낮게 소리나는 부분까지만 발음한다.)

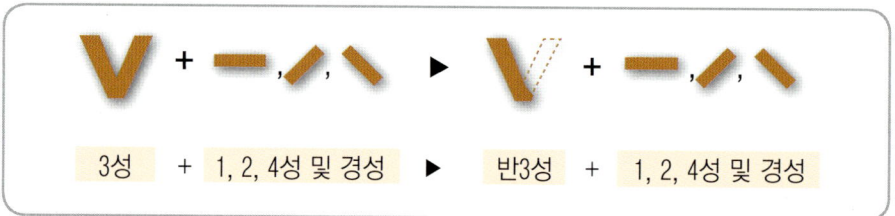

□ 首都 shǒudū 수도   □ 法国 Fǎguó 프랑스

* 3성의 변화는 성조가 변화가 되어도 표기는 원래대로 3성으로 한다.

2. '一'의 성조 변화 🎧 016

'一'의 성조는 본래 1성이지만 뒤따르는 성조에 따라 변화무쌍한 모습을 보인다.

① '一(yī)' 뒤에 1성, 2성, 3성이 오면 '一'는 4성이 된다.

| 一(yī) + 1성, 2성, 3성 ▶ 一(yì) + 1성, 2성, 3성 |

□ 一天 yìtiān 하루   □ 一年 yìnián 일년   □ 一点儿 yìdiǎnr 조금

Tip 단, 숫자를 읽거나 서수(순서)를 나타내는 '一'는 1성으로 읽는다.

□ 第一 dì yī 첫 번째   □ 第一天 dì yī tiān 첫째 날

발음 发音 Fāyīn

② '一(yī)' 뒤에 4성이 오면 '一'는 2성이 된다. (4성에서 변화된 경성에서도 해당된다.)

▫ 一共 yígòng 모두(수의 합산)   ▫ 一个 yí ge 한 개

* 3성의 변화와 달리 일반적으로 변화된 성조대로 표기한다.

3. '不'의 성조 변화 🎧 017

'不'의 성조는 원래 4성이지만, 뒤에 4성이 오면 '不'는 2성으로 발음한다.

不(bù) + 4성 ▶ 不(bú) + 4성

▫ 不要 búyào 원하지 않는다   ▫ 不用 búyòng 필요없다

4. 2성과 4성 🎧 018

2성과 4성을 연달아 발음할 경우 앞 발음은 반만 소리낸다.

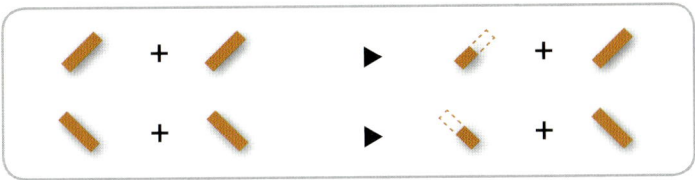

▫ 韩国 Hánguó 한국   ▫ 散步 sànbù 산책하다

표기시 주의사항

1. 한어병음 표기시 주의사항

(1) 'i'로 시작되는 운모로 앞에 성모가 없을 경우에는 'i'를 'y'로 바꾸어 표기한다.
  'i'만 있는 경우 'yi'로 쓴다.

　　　yi　ya　ye　yao　you　yan　yin　yang　ying　yong

(2) 'u'로 시작되는 운모 앞에 성모가 없을 경우에는 'u'를 'w'로 바꾸어 표기한다.
  'u'만 있을 경우 'wu'로 쓴다.

　　　wu　wa　wo　wai　wei　wan　wen　wang　weng

(3) 'ü'의 표기시 주의사항

① 'ü'로 시작하는 음절은 'ü'를 'yu'로 바꾸어 표기한다.

　　　ü → yu　üe → yue　üan → yuan　ün → yun

② 운모 'ü, üe'와 성모 'n, l'이 함께 쓰이면 위의 점 두 개는 남겨둔다.

　　　nü　lü　nüe　lüe

③ 그러나 성모 'j, q, x (설면음)'가 함께 쓰이면 점을 떼고 'u'로 표기한다. (*발음은 'ü'로 한다.)

　　　j + ü → ju　　　q + ü → qu　　　x + ü → xu
　　　j + üe → jue　　q + üe → que　　x + üe → xue
　　　j + üan → juan　q + üan → quan　x + üan → xuan
　　　j + ün → jun　　q + ün → qun　　x + ün → xun

(4) 'iou, uei, uen' 앞에 성모가 있으면 'iu, ui, un'으로 쓴다.

　　　jiou → jiu　　　duei → dui　　　cuen → cun

(5) 문장의 첫음절이나 고유명사의 첫음절은 알파벳 대문자로 표기한다.

　　□ 你好! Nǐ hǎo! 안녕!　　□ 北京 Běijīng 북경

(6) 'a, o, e'로 시작하는 음절의 앞에 다른 음절이 있을 때는 음절의 경계가 모호해져 혼란을 일으키기 쉬우므로 구분을 명확하게 하기 위해 격음부호(')로 분리시켜준다.

　　□ 天安门 Tiān'ānmén 천안문　　□ 晚安 wǎn'ān 잘자!

2. 성조의 표기방법

(1) 성조는 운모(단운모) 'a, o, e, i, u, ü' 위에 표기한다.

    bān   hú   děng   shì

(2) 모음이 두 개 이상일 경우 'a > o = e > i = u = ü'
발음할 때 입이 가장 크게 벌어지는 운모 순으로 표기한다.

    dāi   bié   nuǎn   dào

(3) 'iu'와 'ui'는 위의 순서와 상관없이 무조건 뒷모음에 표기한다.

    qiú   jiǔ   zuì   shuǐ

(4) 'i' 위의 성조는 점을 없애고 표기한다.

    jī   míng   dǐ   suì

(5) 경성은 성조를 표기하지 않는다.

    míngzi   dìdi   nǎinai   dùzi

■ 혀의 위치

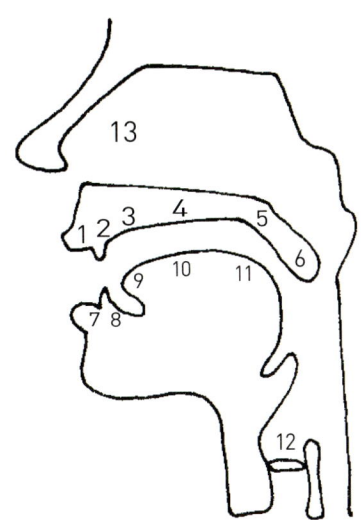

1. 上唇 shàngchún 윗입술
2. 上齿 shàngchǐ 윗니
3. 牙床 yáchuáng 잇몸
4. 硬腭 yìng'è 경구개
5. 软腭 ruǎn'è 연구개
6. 小舌 xiǎoshé 목젖
7. 下唇 xiàchún 아랫입술
8. 下齿 xiàchǐ 아랫니
9. 舌尖 shéjiān 혀끝
10. 舌面 shémiàn 혓바닥
11. 舌根 shégēn 혀뿌리
12. 声带 shēngdài 성대
13. 鼻腔 bíqiāng 비강

'儿'화운모 🎧 019

1. '儿'화운모란?

중국어에서 어떤 음절(특히 명사) 뒤에 '儿(ér)'자를 두어 얼화발음을 하는 경우가 많다. 운모의 뒷부분에서 동작이 일어나 혀끝을 살짝 올려 'r'발음을 첨가하는 방식이다. 이를 '儿化(얼화)'라고 한다. 이때의 '儿(ér)'은 어떤 의미를 가지고 있는 것이 아니고 발음에 대한 표시부호로 생각하면 된다. 북경을 비롯해 북방일대에 많이 쓰인다.

- 串儿 chuànr 꼬치
- 名片儿 míngpiànr 명함
- 小孩儿 xiǎoháir 어린 아이, 꼬마

* 한어병음 표기는 맨 뒤에 'r'만 붙여준다.

2. '儿'의 발음 규칙

'儿(ér)'은 앞의 운모인 모음과 결합되어 하나의 음절로 발음되는데, 앞의 음절에 따라 '儿化(얼화)'된 음절의 독음에도 변화가 일어난다.

(1) 운미가 '-i, -n'인 경우 → 'i'나 'n'을 없애고 'r'을 덧붙여 발음한다.
- 'i' 탈락 : 小孩儿 xiǎoháir 어린 아이
- 'n' 탈락 : 名片儿 míngpiànr 명함

(2) 운미가 '-ng'인 경우 → 'ng'없애고 'r'을 붙여 발음한다.
- 空儿 kòngr 빈틈
- 电影儿 diànyǐngr 영화

(3) 운미가 '-a, -o, -e, -u'인 경우 → 'r'만 덧붙여 발음한다.
- 花儿 huār 꽃
- 哥儿 gēr 형제

발음 연습

1. 성조에 주의하여 따라 읽어보세요.

   (1) nī　　　ní　　　nǐ　　　nì
   (2) bā　　　bá　　　bǎ　　　bà
   (3) pō　　　pó　　　pǒ　　　pò
   (4) qū　　　qú　　　qǔ　　　qù
   (5) hēn　　 hén　　 hěn　　 hèn

2. 성조 변화에 주의하여 따라 읽어보세요.

   (1) hěn gāo　　　hěn máng　　　hěn dà
   (2) hěn hǎo　　　yǔfǎ　　　　　shuǐguǒ
   (3) bù duō　　　 bù lái　　　　bù hǎo
   (4) búyòng　　　 bú yào　　　　bú dà
   (5) yìbǎi　　　　yìqiān　　　　yì dāo
   (6) yíwàn　　　　yígòng　　　　yí cì
   (7) māma　　　　 yéye　　　　　jiějie

3. 발음과 성조에 주의하여 큰소리로 따라 읽어보세요. 022

   (1) bō　　　　pà　　　　mǎi　　　　fàn
   (2) dé　　　　tài　　　　nán　　　　lěng
   (3) gēn　　　 kuài　　　hē　　　　 huàn
   (4) jiù　　　 qún　　　 xué　　　　qián
   (5) zǎo　　　cái　　　　sǎo　　　　sān
   (6) zhī　　　chī　　　　shì　　　　rì
   (7) zhè　　　chuān　　　shāo　　　 rán
   (8) màn　　　fēng　　　 dōu　　　　táng
   (9) gǒu　　　kàn　　　　huā　　　　jiàn
   (10) qiǎo　　xún　　　　zhuō　　　 chàng
   (11) yào　　 nǚ　　　　 jú　　　　 xuǎn

발음 发音 Fāyīn

연습문제

1. 다음을 잘 듣고 성조를 표시해 보세요. 🎧 023

   (1) qu □   (2) wu □
   (3) bo □   (4) da □
   (5) ke □   (6) xiao □
   (7) jie □   (8) zao □
   (9) pai □   (10) huo □

2. 다음 녹음을 듣고 발음을 찾아보세요. 🎧 024

   (1) gāo □   kāo □
   (2) fǎ □   pǎ □
   (3) qiān □   xiān □
   (4) nán □   mán □
   (5) cì □   zì □
   (6) dōu □   tōu □
   (7) chuān □   zhuān □
   (8) xuǎn □   juǎn □
   (9) kè □   hè □
   (10) bù □   dù □
   (11) hú □   hū □
   (12) mài □   mǎi □
   (13) cǔ □   cú □
   (14) gā □   gà □
   (15) huán □   huǎn □

제01과
你好!
Nǐ hǎo!

주요 학습 내용
인사말 / 인칭대명사 / 동사술어문(是 / 叫)

드디어 1년의 백수생활을
청산하고 오늘은 첫 출근하는 날!
아~~흐 떨린다.
첫 단추를 잘 꿰어야 하는 법!
스마일 유지하고 기쁨 주고, 사랑 받는 신입사원
방귀남이 되자!! 아자! 아자!

핵심인물 등장인물 소개

房贵男 Fáng Guìnán 방귀남 : 주인공
동광회사 신입사원 / 29세 / 남 / 어리바리한 편

韩万恩 Hán Wàn'ēn 한만은
동광회사 해외영업팀 부장 / 50세 / 남 / 깐깐하지만 정이 많은 편

崔高峰 Cuī Gāofēng 최고봉
동광회사 해외영업팀 차장 / 42세 / 남 / 능력자

高大路 Gāo Dàlù 고대로
동광회사 해외영업팀 과장 / 40세 / 남 / 만년과장

李雪莉 Lǐ xuělì 이설리 (중국인)
동광회사 해외영업팀 과장 / 35세 / 여 / 능력이 좋고 성실함

吴公主 Wú Gōngzhǔ 오공주
동광회사 해외영업팀 대리 / 31세 / 여 / 예쁜 깍쟁이

핵심단어 미리보기 🎧 026

① 大家 dàjiā 대 여러분
② 你 nǐ 대 너, 당신
③ 好 hǎo 형 좋다
④ 是 shì 동 ~이다 (↔ 不是 bú shì ~이/가 아니다)
⑤ 叫 jiào 동 부르다

발음 UP 🎧 027

Wǒ ài nǐ.	Wǒ bú ài nǐ.
Wǒ chī hànbǎobāo.	Wǒ bù chī hànbǎobāo.
Tā qù Zhōngguó.	Tā bú qù Zhōngguó.

028 회화 ①

房贵男　大家好！
　　　　Dàjiā hǎo!

　　　　我是房贵男。
　　　　Wǒ shì Fáng Guìnán.

高大路　你好！
　　　　Nǐ hǎo!

　　　　我是高大路。
　　　　Wǒ shì Gāo Dàlù.

吴公主　早上好！
　　　　Zǎoshang hǎo!

　　　　我是吴公主。
　　　　Wǒ shì Wú Gōngzhǔ.

꼬마사전

☐ 大家 dàjiā
　[대] 여러분, 모두

☐ 好 hǎo
　[형] 좋다

☐ 是 shì
　[동] ~이다
　(↔ 不是 bú shì
　~이/가 아니다)

☐ 你 nǐ
　[대] 너, 당신

☐ 早上 zǎoshang
　[명] 아침
　(↔ 晚上 wǎnshang 저녁)

38

회화 ❷

房贵男　您好！
　　　　Nín hǎo!

　　　　我叫房贵男。
　　　　Wǒ jiào Fáng Guìnán.

韩万恩　你好！
　　　　Nǐ hǎo!

　　　　我叫韩万恩。
　　　　Wǒ jiào Hán Wàn'ēn.

　　　　欢迎欢迎。
　　　　Huānyíng huānyíng.

꼬마사전
- 您 nín
  - 대 당신('你'의 존칭)
- 叫 jiào
  - 동 부르다
- 欢迎 huānyíng
  - 동 환영하다

제01과 您好!

정리 노트

1. 인칭대명사

    인칭대명사: 사람을 대신해서 가리키는 말

	단수	복수
1인칭	我 wǒ 나	我们 wǒmen 우리들
2인칭	你 nǐ 너, 您 nín 당신	你们 nǐmen 당신들
3인칭	他 tā 그	他们 tāmen 그들
	她 tā 그녀	她们 tāmen 그녀들
	它 tā 그것	它们 tāmen 그것들

    주의❗ ① 단수에 접미사 '们(men)'만 붙여 주면 복수 만들기 끝!
    ② '您(nín)'은 你(nǐ)의 존칭어로 연장자나 높은 사람에게 사용.
        '您'은 복수로 사용 불가 - 您们 (X)

2. 중국어의 기본 어순

    기본 어순: 중국어는 영어처럼 동사가 목적어의 앞에 먼저 등장해 ☆ '동사 + 목적어'의 형태

    ★ 어순: 주어 + 동사 + 목적어

    我   爱   你。 나는 당신을 사랑합니다.
    Wǒ   ài   nǐ.

    ≠ 중국어: 나는 사랑해 너를
       한국어: 나는 너를 사랑해

    我   吃   汉堡包。 나는 햄버거를 먹습니다.
    Wǒ   chī   hànbǎobāo.

    她   去   中国。 그녀는 중국에 갑니다.
    Tā   qù   Zhōngguó.

    ☐ 爱 ài 동 사랑하다
    ☐ 吃 chī 동 먹다
    ☐ 汉堡包 hànbǎobāo 명 햄버거
    ☐ 去 qù 동 가다
    ☐ 中国 Zhōngguó 고유 중국

3. 是(shì)자문 ← 영어의 be동사와 비슷!!

是(shì)자문 : 'A는 B이다'라는 표현을 할 때 쓰임.

동사 是(shì)는 '~이다, ~입니다'라는 뜻. ← '不(bù)'는 4성 앞에서 2성으로 발음한다.

부정형은 '是' 앞에 부정부사 '不(bù)'를 붙여서 '不是(bú shì)'라고 함.

★ 긍정형 : 주어 + 是(shì) + 목적어

    我   是   房贵男。나는 방귀남입니다.
    Wǒ   shì   Fáng Guìnán.

    他   是   韩国人。그는 한국인입니다.
    Tā   shì   Hánguórén.

★ 부정형 : 주어 + 不是(bú shì) + 목적어

    我   不是   房贵男。나는 방귀남이 아닙니다.
    Wǒ   bú shì   Fáng Guìnán.

    他   不是   韩国人。그는 한국인이 아닙니다.
    Tā   bú shì   Hánguórén.

韩国人 Hánguórén [명] 한국인

핵심표현 짚어보기

1 你好!

누구나 한번쯤 들어봤을 법한 '니하오'.
중국에서는 시간, 장소, 대상에 구애 받지 않고 사용할 수 있는 기본적인 인사말이며, '你' 자리에 대상이나 시간을 바꾸어 말할 수도 있다.

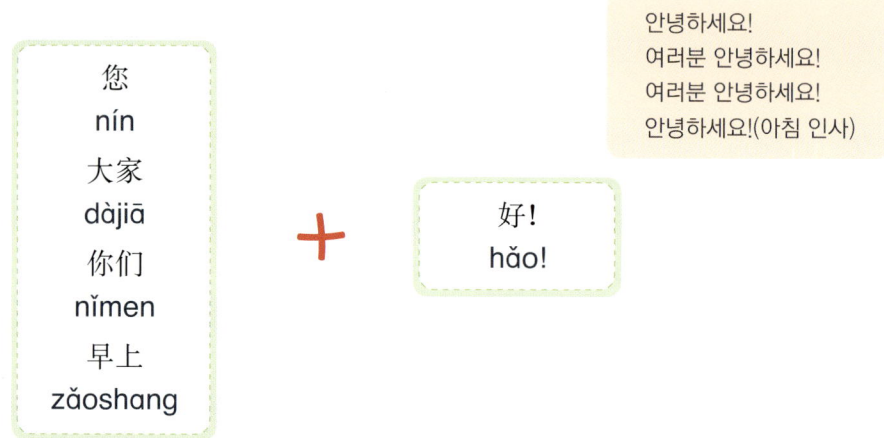

您 nín
大家 dàjiā
你们 nǐmen
早上 zǎoshang

\+

好! hǎo!

안녕하세요!
여러분 안녕하세요!
여러분 안녕하세요!
안녕하세요!(아침 인사)

2 再见!

헤어질 때 하는 가장 흔한 인사말이다. '再' 자리에 시간, 장소로 바꾸어 사용할 수 있으며, 꼭 특정한 기약이 없더라도 가볍게 사용할 수 있다.

明天 míngtiān
一会儿 yíhuìr
晚上 wǎnshang

\+

见! jiàn!

내일 만납시다!
잠시 후에 만납시다!
저녁에 만납시다!

☐ 明天 míngtiān 명 내일
☐ 一会儿 yíhuìr
　　　명 짧은 시간, 잠깐 동안, 잠시

 말해보기

※ 각 번호에 표시된 단어를 교체연습 단어로 바꿔가며 연습해 보세요!

1 韩国人 Hánguórén

- 是。Shì.
- 是韩国人。Shì Hánguórén.
- 我是韩国人。Wǒ shì Hánguórén.
- 我不是韩国人。Wǒ bú shì Hánguórén.

 교체연습
- 中国人 Zhōngguórén
- 美国人 Měiguórén

2 中国 Zhōngguó

- 去。Qù.
- 去中国。Qù Zhōngguó.
- 我去中国。Wǒ qù Zhōngguó.
- 我不去中国。Wǒ bú qù Zhōngguó.

 교체연습
- 韩国 Hánguó
- 日本 Rìběn

3 汉堡包 hànbǎobāo

- 吃。Chī.
- 吃汉堡包。 Chī hànbǎobāo.
- 他吃汉堡包。Tā chī hànbǎobāo.
- 他不吃汉堡包。Tā bù chī hànbǎobāo.

 교체연습
- 面条 miàntiáo
- 面包 miànbāo

- ☐ 中国人 Zhōngguórén 명 중국인
- ☐ 美国人 Měiguórén 명 미국인
- ☐ 韩国 Hánguó 고유 한국
- ☐ 日本 Rìběn 고유 일본
- ☐ 面条 miàntiáo 명 국수
- ☐ 面包 miànbāo 명 빵

연습 문제

듣기

녹음을 잘 듣고 다음 [보기]에서 일치하는 단어를 고르시오.

보기	叫　是　去　吃　见

① _____　② _____　③ _____　④ _____　⑤ _____

말하기

다음 그림을 보고 상황에 맞게 말하시오.

1　A：_____！

　　B,C：您好！

2　A：晚上好！

　　B：_____！

3　A：一会儿见！

　　B：_____！

 **읽기**

서로 관련있는 것끼리 짝을 지으시오.

1 你好！　●　　　　　●　一会儿见！

2 再见！　●　　　　　●　您好！

3 早上好！●　　　　　●　早上好！

 **쓰기**

아래의 제시된 단어를 의미에 맞게 배열하시오.

1 我们　韩国人　是
   → _____。

2 房贵男　叫　他
   → _____。

3 汉堡包　他们　吃
   → _____。

4 我　中国　去　不
   → _____。

그림보고 대답하기 (준비시간: 3초 / 대답시간: 6초) 031

문제1.

(3초)   제시음_____(6초)_____끝.

* 참고 단어: 哪国人 nǎ guórén 어느 나라 사람

그림보고 대답하기 (준비시간: 3초 / 대답시간: 6초) 032

문제2.

(3초)   제시음_____(6초)_____끝.

* 참고 단어: 哪儿 nǎr [대] 어디

그림보고 대답하기 (준비시간: 3초 / 대답시간: 6초) 033

문제3.

(3초)   제시음_____(6초)_____끝。

* 참고 단어: 什么 shénme 【대】 무엇, 무슨

그림보고 대답하기 (준비시간: 3초 / 대답시간: 6초) 034

문제4.

(3초)   제시음_____(6초)_____끝。

* 참고 단어: 小狗 xiǎogǒu 【명】 강아지

다양한 인사말

- 对不起。 Duìbuqǐ. 죄송합니다.

- 不好意思。 Bù hǎoyìsi. 미안합니다.

- 没关系。 Méi guānxi. 괜찮습니다.

- 没事儿。 Méishìr. 괜찮습니다.

- 谢谢。 Xièxie. 감사합니다.

- 不客气。 Bú kèqi. 천만에요.

- 再见。 Zàijiàn. 잘 가요. (안녕히 가세요.)

- 晚安。 Wǎn'ān. 잘 자요. (안녕히 주무세요.)

- 辛苦了。 Xīnkǔ le. 수고하셨습니다.

- 周末愉快！ Zhōumò yúkuài! 주말 잘 보내세요!

제02과
请多指教。
Qǐng duō zhǐjiào.

주요 학습 내용
지시대사 / 구조조사 的 / 국적말하기

아이고 정신없다.
너무 웃었더니 입에 경련...>.<
대강 인사는 끝난 것 같으니
우리팀원 한 분 한 분
직위와 이름을 외어야겠다!!!

핵심문장 다시보기 🎧 036

1 你们好！Nǐmen hǎo!

2 我叫房贵男。Wǒ jiào Fáng Guìnán.

3 欢迎欢迎。Huānyíng huānyíng.

4 他去中国。Tā qù Zhōngguó.

5 他不是韩国人。Tā bú shì Hánguórén.

① 的 de 조 ~의
② 请 qǐng 동 청하다, 부탁하다, ~하세요(영어의 please)
③ 这 zhè 대 이, 이것 (↔ 那 nà 저, 그, 저것, 그것)
④ 名片 míngpiàn 명 명함
⑤ 贵姓 guìxìng 동 성씨가 어떻게 되세요?

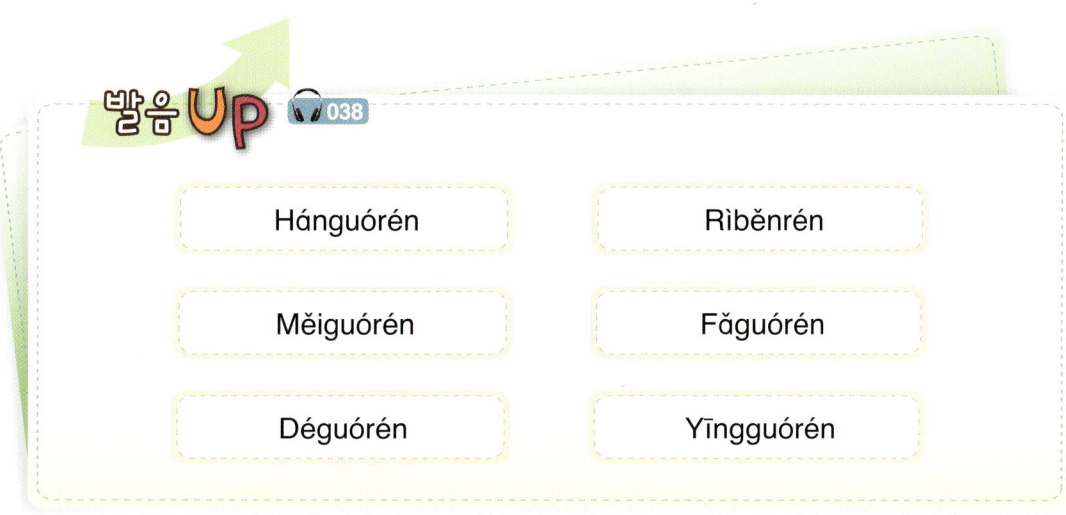

Hánguórén   Rìběnrén
Měiguórén   Fǎguórén
Déguórén   Yīngguórén

회화 ❶

039

崔高峰　我来介绍一下。
　　　　Wǒ lái jièshào yíxià.

　　　　我是海外营业部的次长崔高峰。
　　　　Wǒ shì hǎiwài yíngyèbù de cìzhǎng Cuī Gāofēng.

房贵男　您好!
　　　　Nín hǎo!

　　　　请多指教。
　　　　Qǐng duō zhǐjiào.

Tip
여기에서 쓰인 '来[lái]'는 '오다'의 의미가 아닌 주어가 하는 동작을 강조하는 역할을 하며 동사를 적극적으로 해보겠다는 의지를 나타낸다.

Tip
'잘 부탁드립니다' 라는 뜻으로 자기 소개나 인사 끝에 많이 사용된다.

꼬마사전

☐ **来 lái**
동사 앞에 쓰여 동사를 적극적으로 해보겠다는 의지를 나타냄

☐ **介绍 jièshào**
동 소개하다

☐ **一下 yíxià**
동사 뒤에 쓰여 '시험삼아 해 보다' 또는 '좀 ~하다'의 뜻을 나타냄

☐ **海外营业部 hǎiwài yíngyèbù**
명 해외영업팀

☐ **的 de**
조 ~의

☐ **次长 cìzhǎng**
명 차장

☐ **请 qǐng**
동 청하다, 부탁하다

☐ **多 duō**
형 많다

☐ **指教 zhǐjiào**
동 지도하다, 가르침을 주다

52

회화 ❷ 🎧 040

崔高峰　这是李科长，她是中国人。
　　　　Zhè shì lǐ kēzhǎng, tā shì Zhōngguórén.

李雪利　你好！这是我的名片。
　　　　Nǐ hǎo! Zhè shì wǒ de míngpiàn.

房贵男　谢谢。
　　　　Xièxie.

李雪利　您贵姓？
　　　　Nín guìxìng?

房贵男　我姓房，叫房贵男。
　　　　Wǒ xìng Fáng, jiào Fáng Guìnán.

Tip
중국어로 정중히 상대방의 이름을 묻는 표현이다.
주의! 1. 제3자의 이름을 물을 때는 사용 불가
2. 대답 시에는 '贵姓 [guìxìng]'은 사용 불가

꼬마사전
- 这 zhè
  - 대 이, 이것(근칭)
  - (↔ 那 nà 저, 그, 저것, 그것)
- 科长 kēzhǎng
  - 명 과장
- 名片 míngpiàn
  - 명 명함
- 谢谢 xièxie
  - 동 감사합니다, 고맙습니다
- 贵姓 guìxìng
  - 동 성씨가 어떻게 되세요?
- 姓 xìng
  - 명 동 성, 성씨, 성이 ~이다

제02과 请多指教。　53

정리 노트

1. 지시대사

    지시대사: 사람 또는 사물 등을 대신해서 가리키는 말

    가까이 있는 것(근칭) : 这(zhè) 이, 이것

    멀리 있는 것(원칭) : 那(nà) 저/그, 저것/그것

	단수	복수
근칭	这 zhè	这些 zhèxiē
원칭	那 nà	那些 nàxiē

    - 这是书。 이것은 책입니다.
      Zhè shì shū.

    - 那不是书。 그(저)것은 책이 아닙니다.
      Nà bú shì shū.

    (주의!) '些(xiē)'는 지시대사의 복수 만들 때 사용.
      단, 정확한 개수에는 사용 불가!
      정확히 몇 개인지는 알 수 없으나 수량이 많을 때만 사용!

    (★보충) ▶ '这(zhè)'와 '那(nà)' 뒤에 '儿(ér)'을 붙이면 장소화로 변신.

    - 这(zhè)   +   儿   →   这儿 zhèr 여기
    - 那(nà)   (ér)   那儿 nàr 저기/ 거기

    ※ 남쪽 지방에서는 '儿(ér)' 대신 '里(lǐ)'를 붙여 말하기도 한다.

    - 这儿 zhèr = 这里 zhèlǐ
    - 那儿 nàr = 那里 nàlǐ

    □ 书 shū 명 책

2. 구조조사 '的(de)'

관형어가 명사(대명사)를 수식할 때에 중간에 '的(de)'를 사용.

조사 '的(de)'는 명사(대명사) 뒤에 소유나 소속관계를 나타냄. 뜻은 '~의'로 해석!

★ 어순: ==명사/대명사(소유의 주체) + 的(de) + 명사==

这是　　我们　　的　　公司。 이것은 우리의 회사입니다.
Zhè shì　wǒmen　de　gōngsī.

那是　　他　　的　　汉语书。 그(저)것은 그의 중국어 책입니다.
Nà shì　tā　de　Hànyǔshū.

(주의점) '的(de)'가 친척, 친구, 나라, 회사에 쓰여 소속관계를 나타낼 때는 '的' 생략 가능!

- 我们(的)公司 우리 회사　　我(的)家 우리 집
  wǒmen (de) gōngsī　　　　wǒ (de) jiā

- 我(的)朋友 내 친구　　我(的)同事 내 동료
  wǒ (de) péngyou　　　　wǒ (de) tóngshì

(★보충) ▶ '的(de)'로 문장이 끝나면 '~것'으로 해석!

- 这是我的。 이것은 내 것입니다.
  Zhè shì wǒ de.

- 那是我朋友的。 그(저)것은 내 친구의 것입니다.
  Nà shì wǒ péngyou de.

- 公司 gōngsī 명 회사
- 汉语书 Hànyǔshū 명 중국어 책
- 家 jiā 명 집
- 朋友 péngyou 명 친구
- 同事 tóngshì 명 동료

핵심 표현 짚어보기

1 我来介绍一下。

'一下(yíxià)'는 [동사 + 一下] 형태로 동사 뒤에 쓰여 '한번 ~(동사) 해보다'라는 뜻으로, 비교적 짧고 가벼운 일회성 동작 또는 시도의 의미를 나타낸다.

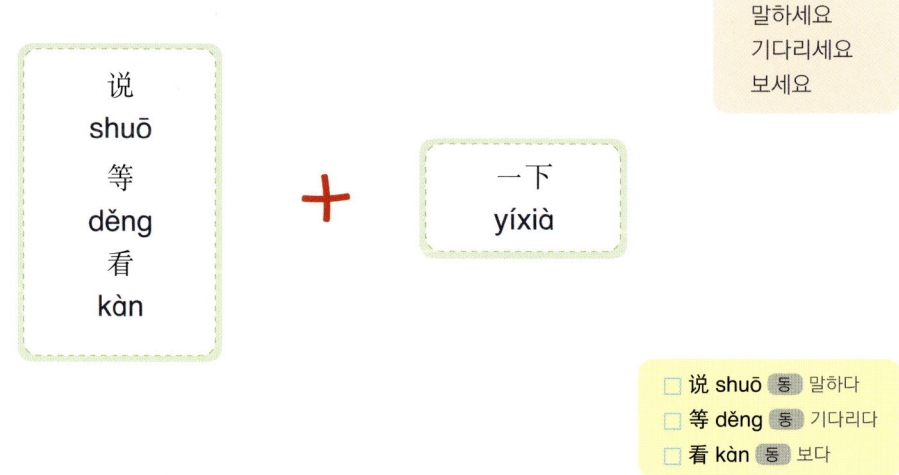

말하세요
기다리세요
보세요

- □ 说 shuō 동 말하다
- □ 等 děng 동 기다리다
- □ 看 kàn 동 보다

2 她是中国人。

중국어에서 국적을 말하는 방법이다.
거꾸로 국적을 물을 때에는 의문대사 '哪 (nǎ) 어느'를 사용하여 말한다.
의문대사가 쓰인 문장은 의문문이 된다. (*의문대사 의문문 자세한 내용은 2권 참고)

- A: 他是哪国人? 그는 어느 나라 사람입니까?
  Tā shì nǎ guórén?
- B: 他是日本人。 그는 일본인입니다.
  Tā shì Rìběnrén.
- A: 你们是哪国人? 당신들은 어느 나라 사람입니까?
  Nǐmen shì nǎ guórén?
- B: 我们是韩国人。 우리는 한국인입니다.
  Wǒmen shì Hánguórén.

- □ 国 guó 명 나라
- □ 人 rén 명 사람

 **말해보기**

※ 각 번호에 표시된 단어를 교체연습 단어로 바꿔가며 연습해 보세요!

1 同事 tóngshì

- 是同事。 Shì tóngshì.
- 是我(的)同事。 Shì wǒ (de) tóngshì.
- 这是我(的)同事。 Zhè shì wǒ (de) tóngshì.
- 那是我(的)同事。 Nà shì wǒ (de) tóngshì.
- 那不是我(的)同事。 Nà bú shì wǒ (de) tóngshì.

 교체연습

- 朋友 péngyou
- 妈妈 māma

2 汉语书 Hànyǔshū

- 是汉语书。 Shì Hànyǔshū.
- 是我的汉语书。 Shì wǒ de Hànyǔshū.
- 这是我的汉语书。 Zhè shì wǒ de Hànyǔshū.
- 这些是我的汉语书。 Zhèxiē shì wǒ de Hànyǔshū.
- 这些是我买的汉语书。 Zhèxiē shì wǒ mǎi de Hànyǔshū.

 교체연습

- 衣服 yīfu
- 苹果 píngguǒ

☐ 妈妈 māma 명 엄마
☐ 买 mǎi 동 사다
☐ 衣服 yīfu 명 옷
☐ 苹果 píngguǒ 명 사과

연습 문제

듣기

녹음을 잘 듣고 다음 [보기]에서 일치하는 단어를 고르시오.

보기	名片　公司　同事　朋友　介绍

① _____　② _____　③ _____　④ _____　⑤ _____

말하기

다음 그림을 보고 상황에 맞게 말하시오.

1　A：对不起。

　　B：_____。

2　A：谢谢。

　　B：_____。

3　A：_____。

　　B：谢谢 。

서로 관련있는 것끼리 짝을 지으시오.

1 你是哪国人？　●　　　　　●　谢谢。

2 这是我的名片。　●　　　　　●　我是中国人。

3 他们是哪国人？　●　　　　　●　他们是韩国人。

아래의 제시된 단어를 의미에 맞게 배열하시오.

1 请　多　指教

→ _____。

2 一下　等　请

→ _____。

3 不　那　是　的　同事　我

→ _____。

그림보고 대답하기　(준비시간: 3초 / 대답시간: 6초)　042

문제1.

○○公司 ○○○部

金韩国　部长

Tel. ***-**** Fax. ***-****
HP. ***@***.***

(3초)　제시음_____(6초)_____끝。

* 참고 단어: 谁 shéi 〔대〕 누구

그림보고 대답하기　(준비시간: 3초 / 대답시간: 6초)　043

문제2.

(3초)　제시음_____(6초)_____끝。

* 참고 단어: 什么 shénme 〔대〕 무엇, 무슨

그림보고 대답하기 (준비시간: 3초 / 대답시간: 6초) 🎧 044

문제3.

(3초)   제시음_____(6초)_____끝.

간단하게 대답하기 (준비시간: 15초 / 대답시간: 25초) 🎧 045

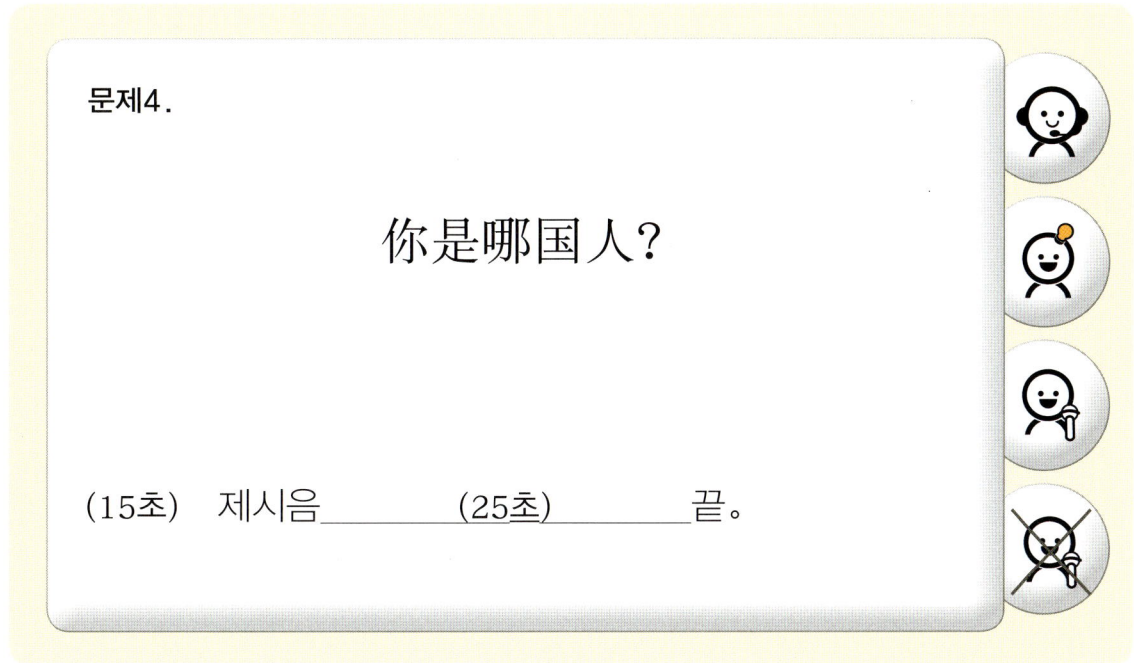

문제4.

你是哪国人?

(15초)   제시음_____(25초)_____끝.

중국인의 호칭

1. 小 / 老 + 성(姓)씨

중국인들은 보통 회사 내에서 아랫사람이 윗사람을 부를 때 윗사람의 직함을 넣어 부르지만, 윗사람이 아랫사람을 부를 때에는 성씨 앞에 '小(xiǎo)'나 '老(lǎo)'를 붙이거나 이름을 부르기도 한다. 때에 따라서는 부하직원이 자신과 친한 상사를 부를 때 호칭 없이 이름만 부르는 경우도 있다. 회사 내에서뿐만 아니라 중국인들은 친분이 있는 사람을 부를 때 성씨 앞에 '小(xiǎo)'나 '老(lǎo)'를 붙여 더욱 친밀감을 표현한다. '小(xiǎo)'는 동년배나 자신보다 어린 사람, 또는 지위나 신분이 자신보다 좀 낮은 사람에게 사용하고, '老(lǎo)'는 나이가 자신보다 많은 사람, 또는 지인이나 친한 친구를 호칭할 때 사용한다.

2. 성(姓)씨 + 先生(xiānsheng)

영어의 Mister와 비슷한 의미를 갖고 있으며 아는 사람 또는 모르는 성인남자를 부를 때 가장 많이 쓰이는 호칭이다. 아는 사람일 경우, 보통 앞에 성(姓)을 붙여 부른다.

* 중국에서 모르는 남자를 부를 때, 예를 들어 길을 묻거나 택시 기사 등을 부를 때에는 '아저씨'라는 뜻을 가진 '师傅(shīfu)'라는 표현도 있어서 이 표현을 사용하기도 한다.

3. 성(姓)씨 + 小姐 (xiǎojiě)

영어의 Miss 또는 Mrs와 비슷한 의미를 갖고 있으며 역시 알든 모르든 젊은 여성을 부를 때 가장 많이 쓰이고 있다. 사전적인 의미는 '아가씨'로 젊은 미혼여성이지만 꼭 미혼만으로 범위를 두지 않아도 무관하다. 이 역시 앞에 성(姓)을 붙여 사용한다.

* 보통 20대 이상의 여성에 대한 정중한 호칭은 '女士(nǚshì)'이다.
* 성을 붙이지 않고 '小姐'만을 사용한다면 약간 오해의 소지가 있다.
(술집에서의 아가씨의 뜻을 내포하고 있으므로 주의하자!)

 식당이나 호텔 등에서 일하는 직원을 부를 때에는 서비스를 하는 사람이라는 뜻을 가진 '服务员(fúwùyuán)'이라는 표현이 있다.

잘 외워두면 중국에서 사람들을 부를 때 호칭에 대해 좀 더 편하게 사용할 수 있다.

한국 기업의 직위 (职位 zhíwèi)

중국과 우리나라의 직급에는 차이점이 있다.

먼저 우리나라의 직급을 중국어로 어떻게 표현하는지 살펴보자.

(*실제 중국에서 사용하는 직급에 대해서는 다음 과에서 확인할 수 있다.)

▶ [성씨 + 직위] 형태로 사용하면 된다.

会长 huìzhǎng 회장	部长 bùzhǎng 부장
社长 shèzhǎng 사장 (CEO)	组长 zǔzhǎng 팀장
副社长 fùshèzhǎng 부사장	次长 cìzhǎng 차장
专务 zhuānwù 전무	科长 kēzhǎng 과장
常务 chángwù 상무	代理 dàilǐ 대리
理事 lǐshì 이사	职员 zhíyuán 직원, 사원

제03과
我的座位在哪儿?
Wǒ de zuòwèi zài nǎr?

주요 학습 내용
방위사 / 동사 在 / 의문대사 哪儿

핵심문장 다시보기 🎧 047

1 我来介绍一下。 Wǒ lái jièshào yíxià.

2 这是我的名片。 Zhè shì wǒ de míngpiàn.

3 请多指教。 Qǐng duō zhǐjiào.

4 他是韩国人。 Tā shì Hánguórén.

5 您贵姓? Nín guìxìng?

① 请问 qǐngwèn 말씀 좀 여쭙겠습니다
② 座位 zuòwèi 명 좌석, 자리
③ 在 zài 동 있다(존재)
④ 哪儿 nǎr 대 어디
⑤ 洗手间 xǐshǒujiān 명 화장실

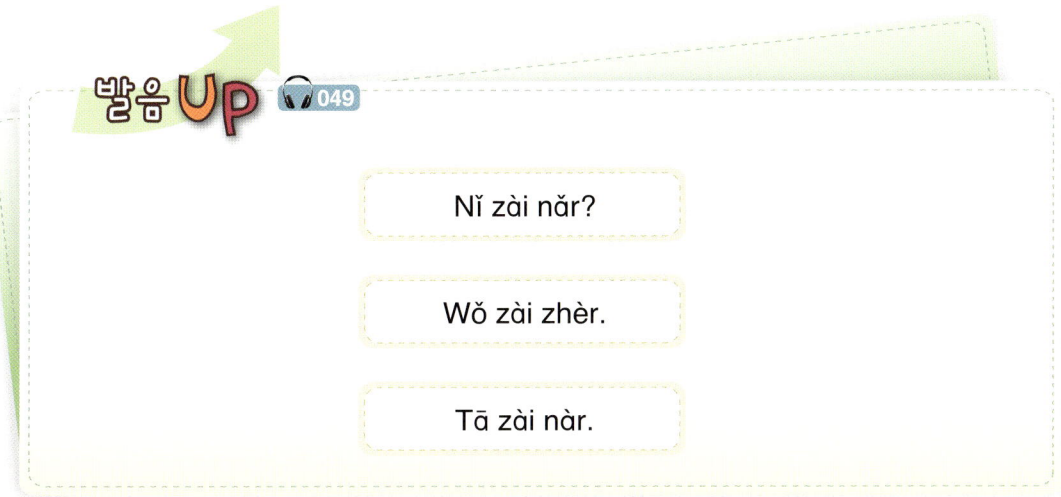

Nǐ zài nǎr?

Wǒ zài zhèr.

Tā zài nàr.

제03과 我的座位在哪儿?

房贵男	请问，我的座位在哪儿？ Qǐngwèn, wǒ de zuòwèi zài nǎr?
吴公主	就在这儿。 Jiù zài zhèr.
房贵男	洗手间在哪儿？ Xǐshǒujiān zài nǎr?
吴公主	洗手间在办公室对面。 Xǐshǒujiān zài bàngōngshì duìmiàn.

꼬마사전

- ☐ 请问 qǐngwèn
  말씀 좀 여쭙겠습니다
- ☐ 座位 zuòwèi
  명 좌석, 자리
- ☐ 在 zài
  동 있다(존재)
- ☐ 哪儿 nǎr
  대 어디
- ☐ 就 jiù
  부 바로
- ☐ 这儿 zhèr
  대 여기, 이곳
- ☐ 洗手间 xǐshǒujiān
  명 화장실
- ☐ 办公室 bàngōngshì
  명 사무실
- ☐ 对面 duìmiàn
  명 맞은편

〈房贵男의 사무실 소개〉

这是我的办公桌。
Zhè shì wǒ de bàngōngzhuō.

我的座位左边是吴代理。
Wǒ de zuòwèi zuǒbian shì Wú dàilǐ.

我的右边是高科长。
Wǒ de yòubian shì Gāo kēzhǎng.

我的前边是韩部长。
Wǒ de qiánbian shì Hán bùzhǎng.

复印机在办公室门口。
Fùyìnjī zài bàngōngshì ménkǒu.

打印机在那儿。
Dǎyìnjī zài nàr.

꼬마사전

- 办公桌 bàngōngzhuō
  - 명 사무용 책상
- 左边 zuǒbian
  - 명 왼쪽, 왼편
  - (↔ 右边 yòubian 오른쪽, 오른편)
- 代理 dàilǐ
  - 명 대리
- 前边 qiánbian
  - 명 앞, 앞쪽
  - (↔ 后边 hòubian 뒤, 뒤쪽)
- 复印机 fùyìnjī
  - 명 복사기
- 门口 ménkǒu
  - 명 입구
- 打印机 dǎyìnjī
  - 명 프린터
- 那儿 nàr
  - 대 저기, 거기, 저곳, 그곳

정리 노트

1. 방위사

    방위사: 장소, 방향이나 위치 등을 나타내는 명사

    (1) 단순방위사

东 dōng 동	西 xī 서	南 nán 남	北 běi 북	旁 páng 옆
前 qián 앞	后 hòu 뒤	左 zuǒ 좌	右 yòu 우	间 jiān 사이
上 shàng 위	下 xià 아래	里 lǐ 안	外 wài 밖	中 zhōng 안, 속

    (2) 합성방위사

东边 dōngbian 동쪽	西边 xībian 서쪽	南边 nánbian 남쪽	北边 běibian 북쪽
前边 qiánbian 앞쪽	后边 hòubian 뒤쪽	左边 zuǒbian 왼쪽	右边 yòubian 오른쪽
上边 shàngbian 위쪽	下边 xiàbian 아래쪽	里边 lǐbian 안쪽	外边 wàibian 바깥쪽

    ▶ '단순방위사 + 접미사 边(biān)'의 합성방위사이며, '边(biān)' 대신 '面(miàn)'으로 사용 가능!

旁边 pángbiān 옆	对面 duìmiàn 맞은편	斜对面 xiéduìmiàn 대각선 맞은편	中间 zhōngjiān 중간

    - 他在我后边。   그는 내 뒤쪽에 있습니다.
        Tā zài wǒ hòubian.

    - 洗手间在办公室对面。 화장실은 사무실 맞은편에 있습니다.
        Xǐshǒujiān zài bàngōngshì duìmiàn.

    ▶ 방위사는 주어, 목적어, 관형어로 쓰일 수 있다. (*자세한 내용은 2권 참고)

▶ '장소명사 + 里边(lǐbian) / 上边(shàngbian)' 구조일 경우, '边'은 생략하고 '里' 또는 '上'만 쓰기도 한다.

<mark>장소명사 + 里(边) / 上(边)</mark>

- 杂志在桌子上。 Zázhì zài zhuōzi shàng. 잡지는 책상 위에 있습니다.
- 妈妈在家里。 Māma zài jiā lǐ. 엄마는 집에 계십니다.

  장소명사 里/上

□ 杂志 zázhì [명] 잡지
□ 桌子 zhuōzi [명] 책상, 테이블

2. 동사 '在'

동사 在(zài) : '~있다'라는 뜻으로 ☆존재를 나타냄.

부정형은 '在(zài)' 앞에 부정부사 '不'를 붙여서 '不在(bú zài)'라고 함.

★ 긍정형 : <mark>사람/사물 + 在(zài) + 장소</mark> ← 존재하는 곳

| 我 | 在 | 公司。 | 나는 회사에 있습니다. |
| Wǒ | zài | gōngsī. | |

| 他 | 在 | 朋友家。 | 그는 친구 집에 있습니다. |
| Tā | zài | péngyou jiā. | |

★ 부정형 : <mark>사람/사물 + 不在(bú zài) + 장소</mark> ← 존재하는 곳

| 金代理 | 不在 | 韩国。 | 김대리는 한국에 없습니다. |
| Jīn dàilǐ | bú zài | Hánguó. | |

| 他们 | 不在 | 这儿。 | 그들은 여기에 없습니다. |
| Tāmen | bú zài | zhèr. | |

제03과 我的座位在哪儿?

핵심표현 짚어보기

1. 洗手间在哪儿?

'哪儿(nǎr)'은 '어디, 어느 곳'이라는 뜻으로 장소를 물을 때 쓰는 의문대사이다.

- 你在哪儿? → 我在办公室。 당신은 어디에 있습니까? → 나는 사무실에 있습니다.
  Nǐ zài nǎr? → Wǒ zài bàngōngshì.
- 她去哪儿? → 她去北京。 그녀는 어디에 갑니까? → 그녀는 북경에 갑니다.
  Tā qù nǎr? → Tā qù Běijīng.

☐ 北京 Běijīng 고유 베이징(북경)

2. 请问, 洗手间在哪儿?

'请问 (qǐngwèn)'은 상대방에게 무엇인가를 정중하게 물을 때 문장 맨 앞에 쓴다.

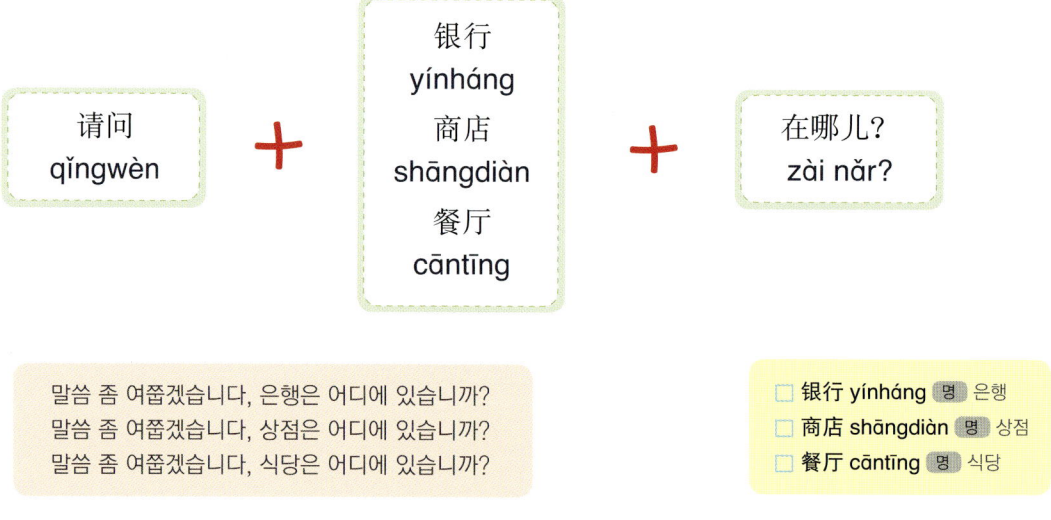

말씀 좀 여쭙겠습니다, 은행은 어디에 있습니까?
말씀 좀 여쭙겠습니다, 상점은 어디에 있습니까?
말씀 좀 여쭙겠습니다, 식당은 어디에 있습니까?

☐ 银行 yínháng 명 은행
☐ 商店 shāngdiàn 명 상점
☐ 餐厅 cāntīng 명 식당

 말해보기

※ 각 번호에 표시된 단어를 교체연습 단어로 바꿔가며 연습해 보세요!

1 前边 qiánbian

- 我的前边。Wǒ de qiánbian.
- 在我的前边。Zài wǒ de qiánbian.
- 他在我的前边。Tā zài wǒ de qiánbian.
- 他不在我的前边。Tā bú zài wǒ de qiánbian.

 교체연습

- 右边 yòubian
- 左边 zuǒbian
- 对面 duìmiàn
- 旁边 pángbiān

2 洗手间 xǐshǒujiān / 办公室 bàngōngshì

- 办公室对面。Bàngōngshì duìmiàn.
- 在办公室对面。Zài bàngōngshì duìmiàn.
- 洗手间在办公室对面。Xǐshǒujiān zài bàngōngshì duìmiàn.
- 洗手间在办公室对面吗? Xǐshǒujiān zài bàngōngshì duìmiàn ma?

 교체연습

- 餐厅 cāntīng   银行 yínháng
- 麦当劳 Màidāngláo   中国银行 Zhōngguóyínháng
- 商店 shāngdiàn   邮局 yóujú

☐ 麦当劳 Màidāngláo 명 맥도널드
☐ 邮局 yóujú 명 우체국

연습 문제

듣기

녹음을 잘 듣고 다음 [보기]에서 일치하는 단어를 고르시오. 052

| 보기 | 左边　右边　旁边　门口　桌子 |

① _____　② _____　③ _____　④ _____　⑤ _____

말하기

다음 그림을 보고 상황에 맞게 말하시오.

1　A：金代理在吗?

　　B：_____。

　　A：她去哪儿?

　　B：_____。

2　A：我的书在哪儿?

　　B：_____。

읽기

서로 관련있는 것끼리 짝을 지으시오.

1. 他在哪儿? • • 她们去餐厅。
2. 她去哪儿? • • 他在公司。
3. 她们去哪儿? • • 就在这儿。
4. 洗手间在哪儿? • • 她去银行。

쓰기

아래의 제시된 단어를 의미에 맞게 배열하시오.

1. 他 洗手间 去

   → _____。

2. 请问 我 哪儿 的 在 座位

   → _____?

3. 在 韩国 不 金代理

   → _____。

4. 复印机 门口 办公室 在

   → _____。

 **TSC 도전하기**

그림보고 대답하기 (준비시간: 3초 / 대답시간: 6초) 053

문제1.

(3초)   제시음_____(6초)_____끝。

그림보고 대답하기 (준비시간: 3초 / 대답시간: 6초) 054

문제2.

(3초)   제시음_____(6초)_____끝。

그림보고 대답하기 (준비시간: 3초 / 대답시간: 6초) 055

문제3.

(3초)　　제시음＿＿＿＿＿(6초)＿＿＿＿＿끝。

간단하게 대답하기 (준비시간: 15초 / 대답시간: 25초) 056

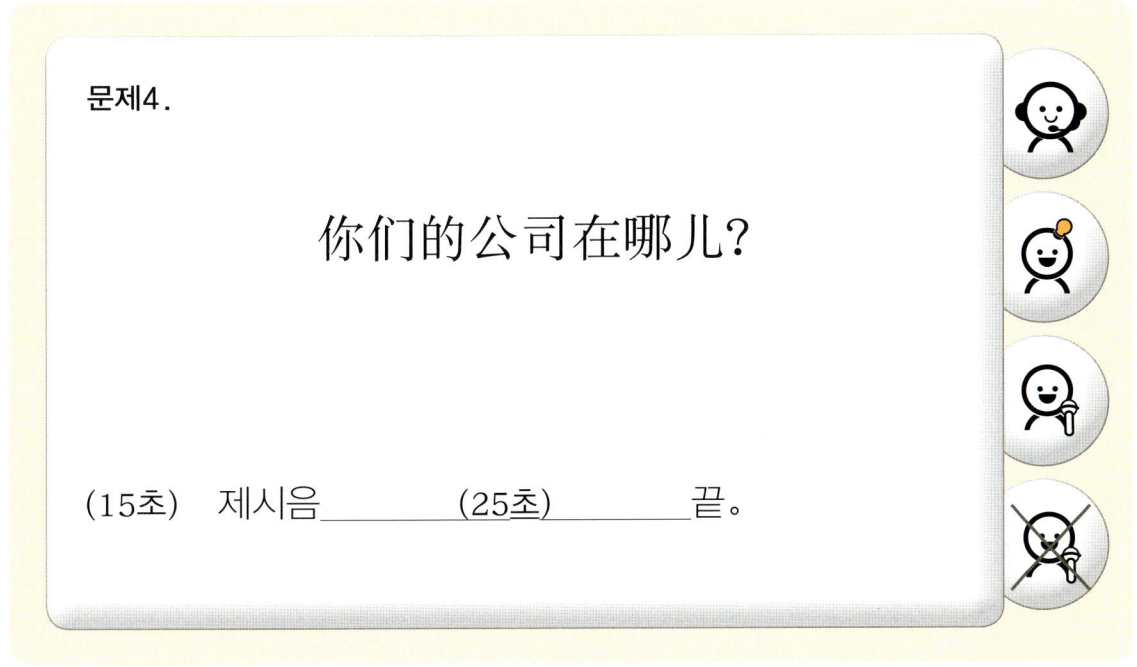

문제4.

你们的公司在哪儿?

(15초)　　제시음＿＿＿＿＿(25초)＿＿＿＿＿끝。

제03과 我的座位在哪儿?

중국 기업의 직위 (职位 zhíwèi)

董事长 dǒngshìzhǎng 대표 이사, 회장

总经理 zǒngjīnglǐ 사장, 최고 경영자

总监 zǒngjiān 총감독, 총책임자

经理 jīnglǐ 매니저

部门经理 bùmén jīnglǐ 업무팀장, 매니저

主任 zhǔrèn 주임

한국인들이 가장 아리송한 직급이 바로 '经理 jīnglǐ'와 '主任 zhǔrèn' 이다.

'经理 jīnglǐ'는 회계를 담당하는 경리가 아닌 우리나라의 직급에 비유하자면 과장 정도 되는 중간 관리자를 의미한다. 또한 '主任 zhǔrèn'은 중국에서 정말로 다양하게 사용되는 직급이다. 국영기관인 기업, 정부기관의 총책임자가 될 수도 있고, 부서의 책임자 또는 매니저 정도일 수도 있다. 중국 기업의 직급 서열을 정리해보면 최고 높은 '동사장 董事长'(그 아래 '부동사장 副董事长'이 있는 경우도 많다.) - '총경리 总经理' - 본부장 역할인 '총감 总监' - '경리 经理'가 있다.

중국의 직급 체계를 잘 기억하고 중국 비즈니스 파트너를 만나야 오해와 실수가 없다.

제04과

现在有空吗?
Xiànzài yǒu kòng ma?

주요 학습 내용

吗의문문 / 有자문 / 명량사 / 개사 离

입사한지도 벌써 일주일 나른한 오후 잠이 쏟아진다. 아~~~~함. 마침 커피 한 잔 마시고 싶었는데 능력자 최고봉 차장님께서 커피타임을 제안하셨다. 좋지요. 좋구 말구요. ^^

핵심문장 다시보기 🎧 058

1 洗手间在哪儿？ Xǐshǒujiān zài nǎr?

2 就在这儿。 Jiù zài zhèr.

3 这是我的办公桌。 Zhè shì wǒ de bàngōngzhuō.

4 复印机在办公室门口。 Fùyìnjī zài bàngōngshì ménkǒu.

5 他在我后边。 Tā zài wǒ hòubian.

① 有 yǒu 동 있다(소유) (↔ 没有 méiyǒu 없다)

② 怎么样 zěnmeyàng 대 어때요, 어떠한가

③ 工作 gōngzuò 명 동 일, 일하다

④ 离 lí 개 ~에서 ~까지

⑤ 远 yuǎn 형 멀다 (↔ 近 jìn 가깝다)

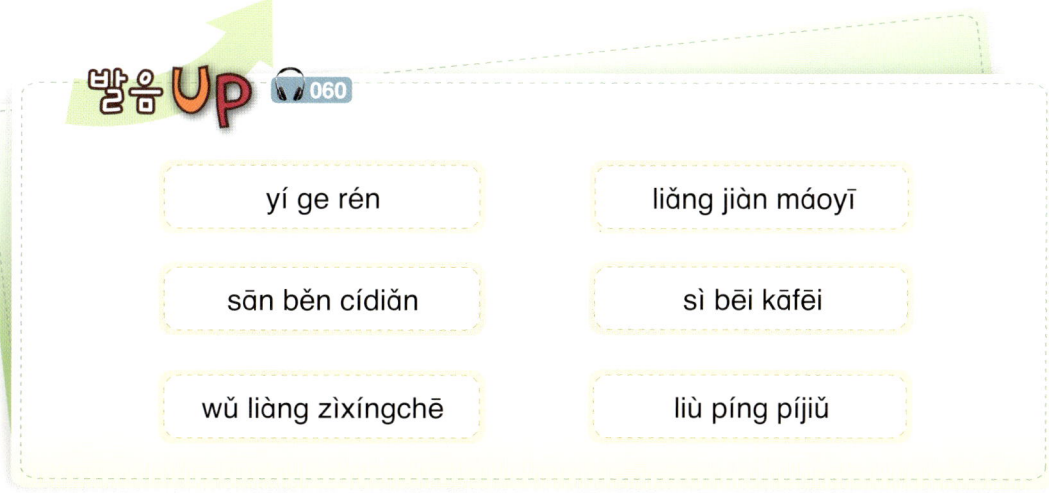

yí ge rén   liǎng jiàn máoyī

sān běn cídiǎn   sì bēi kāfēi

wǔ liàng zìxíngchē   liù píng píjiǔ

회화 ❶

崔高峰　现在有空吗?
　　　　Xiànzài yǒu kòng ma?

　　　　我们喝杯咖啡，怎么样?
　　　　Wǒmen hē bēi kāfēi, zěnmeyàng?

房贵男　好啊。
　　　　Hǎo a.

〈회사 1층 커피숍에서〉

崔高峰　我喝冰拿铁，你呢?
　　　　Wǒ hē bīng nátiě, nǐ ne?

> **Tip**
> 〈대명사 + 呢[ne]?〉
> 앞서 말한 내용을 되물어 볼 때
> 사용하는 생략 형태의 의문문
> → 너는? / 당신은요?

房贵男　冰美式咖啡。
　　　　Bīng měishì kāfēi.

崔高峰　一杯冰拿铁，一杯冰美式咖啡。
　　　　Yì bēi bīng nátiě, yì bēi bīng měishì kāfēi.

服务员　有员工卡吗?
　　　　Yǒu yuángōngkǎ ma?

崔高峰　有。
　　　　Yǒu.

> **Tip**
> 一 [yī] 1　二 [èr] 2
> 三 [sān] 3　四 [sì] 4
> 五 [wǔ] 5　六 [liù] 6
> 七 [qī] 7　八 [bā] 8
> 九 [jiǔ] 9　十 [shí] 10

꼬마사전

- 现在 xiànzài
  - 명 지금
- 有 yǒu
  - 동 있다(소유)
  - (↔ 没有 méiyǒu 없다)
- 空 kòng
  - 명 틈, 시간, 여유
- 吗 ma
  - 조 문장 끝에 쓰여 의문을 나타냄
- 喝 hē
  - 동 마시다
- 杯 bēi
  - 양 잔
- 咖啡 kāfēi
  - 명 커피
- 怎么样 zěnmeyàng
  - 대 어때요, 어떠한가
- 冰拿铁 bīng nátiě
  - 명 아이스 라떼
- 呢 ne
  - 조 문장 끝에 쓰여 의문을 나타냄
- 冰美式咖啡 bīng měishì kāfēi
  - 명 아이스 아메리카노
- 服务员 fúwùyuán
  - 명 종업원
- 员工卡 yuángōngkǎ
  - 명 사원증

崔高峰　　工作怎么样？
　　　　　Gōngzuò zěnmeyàng?

房贵男　　还可以。
　　　　　Hái kěyǐ.

崔高峰　　你住哪儿？
　　　　　Nǐ zhù nǎr?

　　　　　公司离家远吗？
　　　　　Gōngsī lí jiā yuǎn ma?

房贵男　　我住钟路。
　　　　　Wǒ zhù Zhōnglù.

　　　　　公司离家不远。
　　　　　Gōngsī lí jiā bù yuǎn.

꼬마사전

☐ 工作 gōngzuò
　명 동 일, 일하다

☐ 还可以 hái kěyǐ
　그저 그렇다, 웬만하다

☐ 住 zhù
　동 거주하다, 살다

☐ 离 lí
　개 ~에서 ~까지

☐ 远 yuǎn
　형 멀다
　(↔ 近 jìn 가깝다)

☐ 钟路 Zhōnglù
　고유 종로

정리 노트

1. **吗(ma)의문문**

   평서문 끝에 어기조사 '吗(ma)'를 붙여 주면 의문문이 된다. → 어기조사는 무조건 문장 맨 끝!!

   ★ [평서문 + 吗?]

   - 这是书。 → 这是书吗? 이것은 책입니까?
     Zhè shì shū. → Zhè shì shū ma?

   - 他在公司吗? 그는 회사에 있습니까?
     Tā zài gōngsī ma?

   - 你是韩国人吗? 당신은 한국인입니까?
     Nǐ shì Hánguórén ma?

   - 这是你的手机吗? 당신의 핸드폰입니까?
     Zhè shì nǐ de shǒujī ma?

   ☐ 手机 shǒujī [명] 핸드폰

2. **有(yǒu)자문**

   동사 有(yǒu) : '~있다, 가지고 있다'라는 뜻으로 ☆소유의 의미를 나타냄.

   부정형은 '有' 앞에 부정부사 '没(méi)'를 붙여 '没有(méiyǒu)'라고 함.

   ★ 긍정형: 주어 + 有 + 명사(목적어)

   公司　有　传真。 회사에 팩스가 있습니다.
   Gōngsī yǒu chuánzhēn.

   我　有　你的名片。 나는 당신의 명함이 있습니다.
   Wǒ yǒu nǐ de míngpiàn.

   ★ 부정형: 주어 + 没有 + 명사(목적어)

   我　没有　中国朋友。 나는 중국인 친구가 없습니다.
   Wǒ méiyǒu Zhōngguó péngyou.

   她　没有　手机。 그녀는 핸드폰이 없습니다.
   Tā méiyǒu shǒujī.

   ☐ 传真 chuánzhēn [명] 팩스

3. 양사

중국어에서 수사와 명사 사이에는 반드시 양사가 쓰인다.

★ 양사의 기본 어순: 수사 + 양사 + 명사 / 지시대명사 + (수사) + 양사 + 명사

■ 자주 쓰이는 양사

양사	의미	수식대상 (명사)
个 gè	가장 광범위한 양사 * -개 / -명	苹果 píngguǒ 사과, 人 rén 사람
件 jiàn	사건, 일, 옷 등 * -건 / -벌	事 shì 일, 衣服 yīfu 옷
本 běn	책, 서적류 * -권	书 shū 책, 词典 cídiǎn 사전
杯 bēi	차(tea), 음료 등 * -잔	咖啡 kāfēi 커피, 茶 chá 차(tea)
瓶 píng	병으로 된 것 * -병	啤酒 píjiǔ 맥주, 可乐 kělè 콜라
辆 liàng	차량 * -대	自行车 zìxíngchē 자전거, 汽车 qìchē 자동차
张 zhāng	종이류, 넓고 평평한 것 * -장	报纸 bàozhǐ 신문, 床 chuáng 침대

- 我 有 一 件 事儿。 Wǒ yǒu yí jiàn shìr. 나는 일 한 건이 있습니다.
- 他 有 两 个 中国朋友。 Tā yǒu liǎng ge Zhōngguó péngyou. 그는 중국인 친구 두 명이 있습니다.
- 他们买 三 瓶 啤酒。 Tāmen mǎi sān píng píjiǔ. 그들은 맥주 세 병을 삽니다.

  수사 + 양사 + 명사

4. 개사 '离(lí)'

개사 '离(lí)'는 '~에서 ~까지'의 뜻이다. 두 지점간의 간격을 나타냄.

A 离 B : A에서 B까지

- 公司 离 我家 很远。 Gōngsī lí wǒ jiā hěn yuǎn. 회사에서 우리 집까지 멉니다.
- 韩国 离 中国 不远。 Hánguó lí Zhōngguó bù yuǎn. 한국에서 중국까지 멀지 않습니다.
- 这儿 离 那儿 远吗? Zhèr lí nàr yuǎn ma? 여기에서 거기까지 멉니까?

  A 离 B

핵심표현 짚어보기

1 工作怎么样?

의문대사 '怎么样(Zěnmeyàng)'은 '어떠한가? 어때요?'라는 뜻이다.

(1) 상대방의 상태나 의견을 물을 때 쓰인다.

(2) 제안이나 제의를 할 때에도 사용한다.

* 이때 '怎么样' 대신 '好吗'를 써도 무방하다.

- 你们公司怎么样? 당신의 회사는 어떻습니까?
  Nǐmen gōngsī zěnmeyàng?
- 你的身体怎么样? 당신의 건강은 어떻습니까?
  Nǐ de shēntǐ zěnmeyàng?
- 我们去商店，怎么样? 우리 상점에 가는 게 어떻습니까?
  Wǒmen qù shāngdiàn, zěnmeyàng?
  = 我们去商店，好吗?
  = Wǒmen qù shāngdiàn, hǎo ma?

☐ 身体 shēntǐ 명 몸, 건강

2 他有两个中国朋友。

중국어에서 숫자 '2'를 말하는 방법은 두 가지이다.

'일, 이, 삼, 사…'라고 말할 때에는 '二(èr)', '하나, 둘, 셋…'이라 말할 때에는 '两(liǎng)'을 사용한다.

즉, 양사 앞에 숫자 '2'는 반드시 '两(liǎng)'을 사용해야 한다.

- 两件毛衣 스웨터 두 벌
  liǎng jiàn máoyī
- 两辆自行车 자전거 두 대
  liǎng liàng zìxíngchē
- 两个苹果 사과 두 개
  liǎng ge píngguǒ

☐ 毛衣 máoyī 명 스웨터

 말해보기

※ 각 번호에 표시된 단어를 교체연습 단어로 바꿔가며 연습해 보세요!

1 自行车 zìxíngchē

- 有。Yǒu.
- 我有。Wǒ yǒu.
- 我有自行车。Wǒ yǒu zìxíngchē.
- 我有一辆自行车。Wǒ yǒu yí liàng zìxíngchē.
- 我没有自行车。Wǒ méiyǒu zìxíngchē.
- 你有自行车吗？Nǐ yǒu zìxíngchē ma?

 교체연습
- 词典 cídiǎn
- 美国朋友 Měiguó péngyou

＊ 양사에 주의하여 말해 보세요.（词典：本 běn / 美国朋友：个 ge）

2 韩国 Hánguó / 中国 Zhōngguó

- 韩国离中国。Hánguó lí Zhōngguó.
- 韩国离中国远吗？Hánguó lí Zhōngguó yuǎn ma?
- 韩国离中国不远。Hánguó lí Zhōngguó bù yuǎn.
- 韩国离中国很近。Hánguó lí Zhōngguó hěn jìn.

 교체연습
- 首尔 Shǒu'ěr　北京 Běijīng
- 这儿 zhèr　　银行 yínháng

☐ 美国 Měiguó 고유 미국
☐ 首尔 Shǒu'ěr 고유 서울

연습 문제

듣기

녹음을 잘 듣고 다음 [보기]에서 일치하는 단어를 고르시오.

| 보기 | 瓶　杯　两　件　离 |

① _____ ② _____ ③ _____ ④ _____ ⑤ _____

 **말하기**

다음 그림을 보고 상황에 맞게 말하시오.

1　A：这是你的手机吗?

　　B：_____。

2　A：现在有空吗?

　　B：_____。

3　A：你有中国朋友吗?

　　B：_____。

읽기

서로 관련있는 것끼리 짝을 지으시오.

1. 公司有传真吗? •   • 好啊！
2. 你有中国朋友吗? •   • 有传真。
3. 我们去商店，怎么样? •   • 有两个。
4. 公司离家远吗? •   • 很远。

쓰기

아래의 제시된 단어를 의미에 맞게 배열하시오.

1. 吃　我们　怎么样　面包

    → _____?

2. 我　自行车　一　有　辆

    → _____。

3. 那儿　远　吗　这儿　离

    → _____?

4. 有　吗　空　现在

    → _____?

그림보고 대답하기 (준비시간: 3초 / 대답시간: 6초) 064

문제1.

(3초)　제시음＿＿＿＿(6초)＿＿＿＿끝。

* 참고 단어: 什么 shénme 〔대〕 무엇, 무슨

그림보고 대답하기 (준비시간: 3초 / 대답시간: 6초) 065

문제2.

(3초)　제시음＿＿＿＿(6초)＿＿＿＿끝。

* 참고 단어: 几 jǐ 〔대〕 몇

그림보고 대답하기　(준비시간: 3초 / 대답시간: 6초)　🎧 066

문제3.

(3초)　제시음＿＿＿＿(6초)＿＿＿＿끝。

간단하게 대답하기　(준비시간: 15초 / 대답시간: 25초)　🎧 067

문제4.

你家离公司远吗?

(15초)　제시음＿＿＿＿(25초)＿＿＿＿끝。

숫자 : 1~10 / 손동작　　　068

一 yī 일, 1	二 èr 이, 2	三 sān 삼, 3	四 sì 사, 4
五 wǔ 오, 5	六 liù 육, 6	七 qī 칠, 7	八 bā 팔, 8
九 jiǔ 구, 9	十 shí 십, 10		

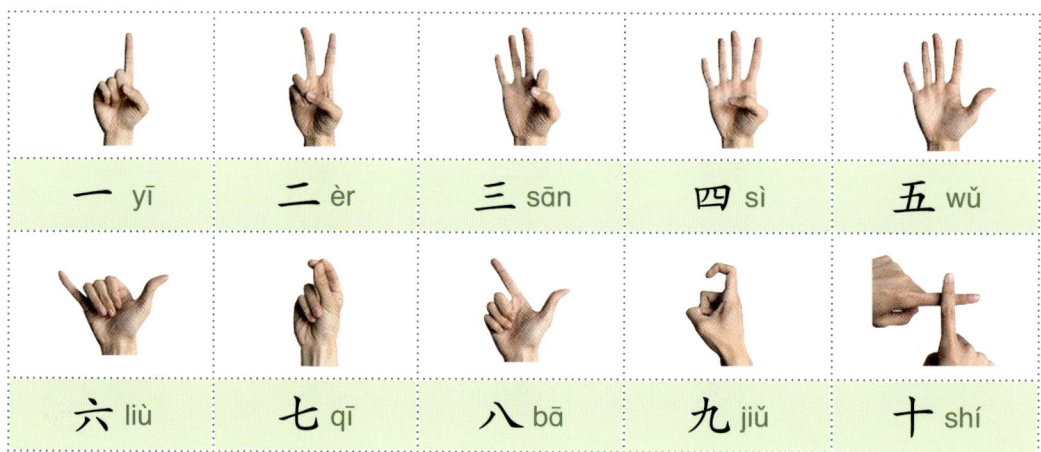

제05과
我们在哪儿见面?
Wǒmen zài nǎr jiànmiàn?

주요 학습 내용
연, 월, 일, 요일 / 시간 / 개사 在

정신 없이 한 달이 지나갔다.
'회사-집-회사-집'만 반복하며 지내온 한 달.
이번 주는 친구들이랑 불타는 금요일을
보내고 싶었는데...
에휴... 다들 데이트 있다고 하네ㅠㅠ
여자친구 없는 봉구랑 나랑 둘뿐이구나.
그 동안의 스트레스 좀 날려야겠다.

핵심문장 다시보기 🎧 069

1 现在有空吗? Xiànzài yǒu kòng ma?

2 他有两个中国朋友。 Tā yǒu liǎng ge Zhōngguó péngyou.

3 还可以。 Hái kěyǐ.

4 公司离你家远吗? Gōngsī lí nǐ jiā yuǎn ma?

5 我们喝咖啡，怎么样? Wǒmen hē kāfēi, zěnmeyàng?

핵심단어 미리보기 🎧070

① 一起 yìqǐ [부] 같이, 함께

② 晚饭 wǎnfàn [명] 저녁밥

③ 见面 jiàn//miàn [동] 만나다

④ 吧 ba [조] 문장 끝에 쓰여 확인, 청유, 명령 등의 어기를 나타냄

⑤ 下班 xià//bān [동] 퇴근하다 (↔ 上班 shàng//bān 출근하다)

※ 이합동사는 병음 사이에 '//'로 표시하였습니다.

발음UP 🎧071

〈1성과 다른 성조와의 결합〉

1성 + 1성	fēijī 飞机 비행기	jīntiān 今天 오늘
1성 + 2성	huānyíng 欢迎 환영하다	Zhōngguó 中国 중국
1성 + 3성	jīchǎng 机场 공항	shēntǐ 身体 몸, 건강
1성 + 4성	zhōumò 周末 주말	shāngdiàn 商店 상점
1성 + 경성	māma 妈妈 엄마	yīfu 衣服 옷

제05과 我们在哪儿见面?

072 | 회화 ❶

房贵男　喂，凤九在吗?
　　　　Wéi, Fèngjiǔ zài ma?

凤九　　我就是，是贵男吗?
　　　　Wǒ jiù shì, shì Guìnán ma?

　　　　工作顺利吗?
　　　　Gōngzuò shùnlì ma?

房贵男　还可以。
　　　　Hái kěyǐ.

　　　　这个星期五有时间吗?
　　　　Zhè ge xīngqīwǔ yǒu shíjiān ma?

　　　　我们一起吃晚饭，怎么样?
　　　　Wǒmen yìqǐ chī wǎnfàn, zěnmeyàng?

凤九　　好啊!
　　　　Hǎo a!

> **Tip**
> '喂[Wéi]'는 원래 4성으로 '어이, 야, 이봐'와 같이 누군가를 편하게 부르는 말이다. 그러나 전화할 때 '여보세요'는 2성으로 발음한다.

꼬마사전

- 喂 wéi
  여보세요
- 就是 jiù shì
  바로 ~이다
- 顺利 shùnlì
  형 순조롭다
- 星期五 xīngqīwǔ
  명 금요일
- 时间 shíjiān
  명 시간
- 一起 yìqǐ
  부 같이, 함께
- 晚饭 wǎnfàn
  명 저녁밥

96

회화 ❷

凤九　　我们在哪儿见面?
　　　　Wǒmen zài nǎr jiànmiàn?

房贵男　在钟路站见面吧。
　　　　Zài Zhōnglù zhàn jiànmiàn ba.

> **Tip** '几[jǐ]'는 의문대사이므로 문장 뒤에 '吗'를 붙이지 않는다.

凤九　　好, 你几点下班?
　　　　Hǎo, nǐ jǐ diǎn xiàbān?

> **Tip** 여기에서 '那[nà]'는 '그러면' 이라는 뜻이다. '那么[nàme]' 로 바꾸어 쓸 수 있다.

房贵男　6点, 那6点半钟路站
　　　　Liù diǎn, nà liù diǎn bàn Zhōnglù zhàn
　　　　3号出口前边见吧!
　　　　sān hào chūkǒu qiánbian jiàn ba!

凤九　　好! 不见不散。
　　　　Hǎo! Bújiàn búsàn.

꼬마사전

- 在 zài 〔개〕 ~에서
- 见面 jiàn//miàn 〔동〕 만나다
- 站 zhàn 〔명〕 역
- 吧 ba 〔조〕 문장 끝에 쓰여 청유, 확인, 추측, 명령 등을 나타냄
- 几 jǐ 〔대〕 몇
- 点 diǎn 〔명〕 시
- 下班 xià//bān 〔동〕 퇴근하다
  (↔ 上班 shàng//bān 출근하다)
- 号 hào 〔명〕 호, 번
- 出口 chūkǒu 〔명〕 출구
- 见 jiàn 〔동〕 만나다
- 不见不散 bújiàn búsàn 〔성〕 약속한 장소에서 만날 때까지 기다린다

제05과 我们在哪儿见面?

정리 노트

1. 시간을 나타내는 방법

    (1) '시'를 나타내는 표현: 点 diǎn

    1시: 一点　yì diǎn

    2시: 两点 liǎng diǎn

    > 주의점) 2시는 '二(èr)'이 아닌 '两(liǎng)'으로 표현!

    이 시 '二点(èr diǎn)' → (X)

    두 시 '两点(liǎng diǎn)' → (O)

    (2) '분'을 나타내는 표현: 分 fēn

    15분: 十五分 shíwǔ fēn　(= 一刻 yíkè)

    30분: 三十分 sānshí fēn (= 半 bàn)

    45분: 四十五分 sìshíwǔ fēn　(= 三刻 sānkè)

    > 주의점) ① '两刻(liǎngkè)'는 많이 사용되지 않는 표현.
    > ② 一刻(yíkè), 半(bàn), 三刻(sānkè) 뒤에는 分(fēn)을 쓰지 않음.

    一刻 / 半 / 刻 + 分 → (X)

    (3) 기타 시간을 나타내는 표현

    ▶ 差 chà: 모자라다, 부족하다

    差十分两点 십 분 전 두 시 = 一点五十分 한 시 오십 분
    chà shí fēn liǎng diǎn　　yì diǎn wǔshí fēn

2. 년, 월, 일(날짜), 주(요일), 요일 나타내는 방법

    (1) 연도를 읽을 때에는 숫자를 하나씩 읽는다.

    2013年: 二零一三年　èr líng yī sān nián

재작년	작년	올해	내년	후년
前年 qiánnián	去年 qùnián	今年 jīnnián	明年 míngnián	后年 hòunián

(2) 월은 기본적으로 '숫자 + 月(yuè)' 형태로 쓰인다.

2월은 '二(èr)'을 사용

一月, 二月, 三月, ……, 十月, 十一月, 十二月

지난달	이번 달	다음 달
上个月 shàng ge yuè	这个月 zhè ge yuè	下个月 xià ge yuè

(3) 일은 '숫자 + 日(rì) / 号(hào)' 형태로 쓰인다.

★ 日: 서면체 / 号: 회화체에서 사용

一号, 二号, ……, 二十九号, 三十号, 三十一号

그저께	어제	오늘	내일	모레
前天 qiántiān	昨天 zuótiān	今天 jīntiān	明天 míngtiān	后天 hòutiān

(4) '星期(xīngqī)'는 '주'의 뜻이다.

지난주	이번 주	다음 주
上个星期 shàng ge xīngqī	这个星期 zhè ge xīngqī	下个星期 xià ge xīngqī

(5) 요일은 '星期(xīngqī) + 숫자' 형태로 쓰인다

월요일	화요일	수요일	목요일	금요일	토요일	☆일요일
星期一 xīngqīyī	星期二 xīngqī'èr	星期三 xīngqīsān	星期四 xīngqīsì	星期五 xīngqīwǔ	星期六 xīngqīliù	星期天 xīngqītiān

(주의!) 일요일은 '星期七'라고 하지 않는다.

星期日 xīngqīrì: 서면체 / 星期天 xīngqītiān: 회화체

(★보충) ▶ 요일을 나타낼 때 '星期' 대신 '周(zhōu), 礼拜(lǐbài)'로도 쓸 수 있다.

예) 周一(zhōuyī), 周二(zhōu'èr), 周三(zhōusān), 周四(zhōusì),

礼拜五(lǐbàiwǔ), 礼拜六(lǐbàiliù), 礼拜天(lǐbàitiān)/礼拜日(lǐbàirì)……

3. 명사술어문

명사술어문: 명사, 명사구, 수량사 등이 주요 성분으로 쓰여 명사가 서술어의 역할을 하는 것.

주로 시간, 날짜, 나이, 수량, 출신 등을 나타낼 때 쓰임.

- 今天(是)星期三。 오늘은 수요일입니다.
  Jīntiān (shì) xīngqīsān.

- 现在(是)七点。 지금은 7시입니다.
  Xiànzài (shì) qī diǎn.

- 今天不是十月十四号。 오늘은 10월14일이 아닙니다.
  Jīntiān bú shì shíyuè shísì hào.

(주의!) 긍정형에서는 '~이다'에 해당하는 동사 '是'를 생략하여 바로 '주어 + 명사'로 표현 가능!

단, 부정문에서는 불가능!

제05과 我们在哪儿见面? 99

핵심표현 짚어보기

1 你几点下班?

의문대사 '几(jǐ)'는 '몇'이라는 뜻이며, 몇 월, 며칠, 몇 시에 사용할 수 있다.
(* '几'의 자세한 용법은 6과 정리노트 참고)

- 今天是几月几号? 오늘은 몇 월 며칠입니까?
  Jīntiān shì jǐ yuè jǐ hào?
- 今天星期几? 오늘은 무슨 요일입니까?
  Jīntiān xīngqī jǐ?
- 4月27号是星期几? 4월 27일은 무슨 요일입니까?
  Sìyuè èrshíqī hào shì xīngqī jǐ?
- 现在几点? 지금은 몇 시입니까?
  Xiànzài jǐ diǎn?

2 我们在哪儿见面?

'우리 어디에서 만날까요?'라고 해석에서도 알 수 있듯이 '在'가 동사가 아닌 개사(전치사)로 '~에서'라는 뜻으로 쓰인다.
개사 '在(zài)'는 장소명사/장소대명사를 동반하여 동사 앞에 쓰인다.

개사구의 위치: 개사 + 명사(대명사) + 동사

- 我在公司工作。 나는 회사에서 일을 합니다.
  Wǒ zài gōngsī gōngzuò.
- 他在家休息。 그는 집에서 쉬고 있습니다.
  Tā zài jiā xiūxi.
- 她们在朋友家喝酒。 그녀들은 친구 집에서 술을 마시고 있습니다.
  Tāmen zài péngyou jiā hē jiǔ.

☐ 休息 xiūxi 동 쉬다, 휴식하다
☐ 酒 jiǔ 명 술

 말해보기

※ 각 번호에 표시된 단어를 교체연습 단어로 바꿔가며 연습해 보세요!

1 见面 jiànmiàn

- 我们见面吧! Wǒmen jiànmiàn ba!
- 我们六点见面。Wǒmen liù diǎn jiànmiàn.
- 我们几点见面? Wǒmen jǐ diǎn jiànmiàn?
- 我们在哪儿见面? Wǒmen zài nǎr jiànmiàn?

- 吃晚饭 chī wǎnfàn
- 看电影 kàn diànyǐng

2 吃晚饭 chī wǎnfàn

- 一起吃晚饭。Yìqǐ chī wǎnfàn.
- 我们一起吃晚饭。Wǒmen yìqǐ chī wǎnfàn.
- 我们一起吃晚饭, 怎么样? Wǒmen yìqǐ chī wǎnfàn, zěnmeyàng?
- 这个星期六我们一起吃晚饭, 怎么样?
  Zhè ge xīngqīliù wǒmen yìqǐ chī wǎnfàn, zěnmeyàng?

- 吃午饭 chī wǔfàn
- 去中国 qù Zhōngguó

☐ 电影 diànyǐng 명 영화
☐ 午饭 wǔfàn 명 점심

연습 문제

듣기

녹음을 잘 듣고 다음 [보기]에서 일치하는 단어를 고르시오.

| 보기 | 时间 | 顺利 | 下班 | 一刻 | 休息 |

① _____ ② _____ ③ _____ ④ _____ ⑤ _____

말하기

다음 그림을 보고 상황에 맞게 말하시오.

1 A : _____?

B : 对不起，这个星期六没有时间。

2 A : 我们几点见面?

B : _____。

A : 我们在哪儿见?

B : _____。

읽기

서로 관련있는 것끼리 짝을 지으시오.

1　今天星期几?　●　　　●　不见不散。

2　现在几点?　●　　　●　六点半。

3　我们在哪儿见面?　●　　　●　餐厅。

4　我们在首尔站见面吧。●　　　●　星期三。

쓰기

아래의 제시된 단어를 의미에 맞게 배열하시오.

1　我们　看　怎么样　一起　电影

→ _____?

2　她们　家　喝　在　酒

→ _____。

3　明天　是　二十　不　号

→ _____。

4　十分　九点　差

→ _____。

도전하기

그림보고 대답하기 (준비시간: 3초 / 대답시간: 6초) 075

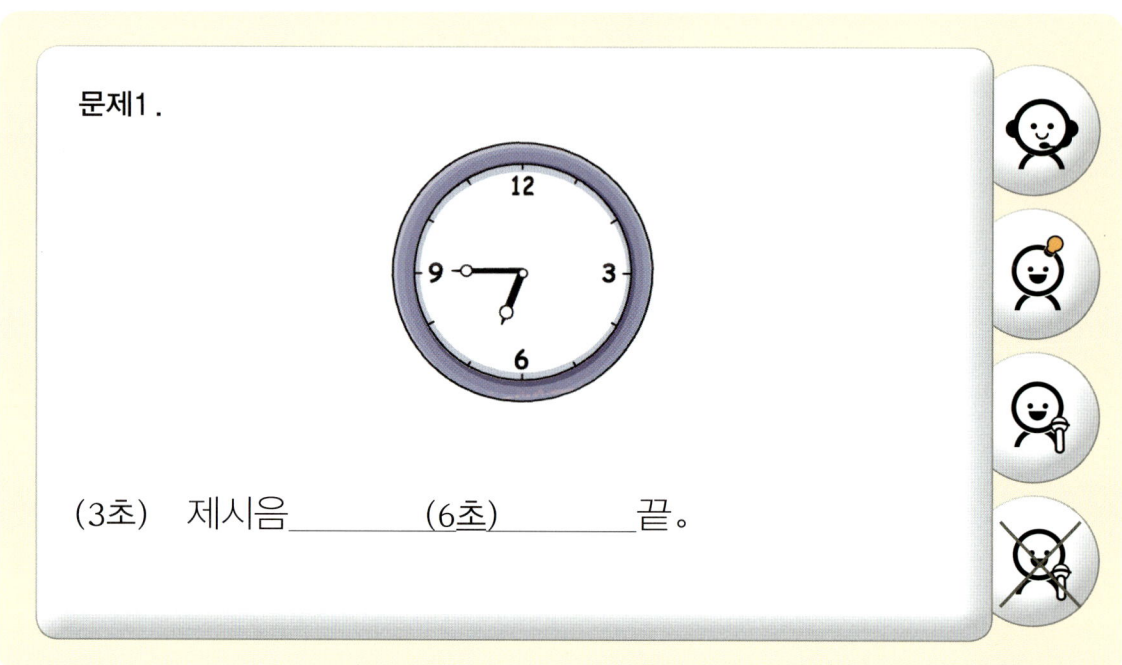

문제1.

(3초)   제시음_____(6초)_____끝.

그림보고 대답하기 (준비시간: 3초 / 대답시간: 6초) 076

문제2.

(3초)   제시음_____(6초)_____끝.

그림보고 대답하기　(준비시간: 3초 / 대답시간: 6초)

문제3.

sun	mon	tue	wed	thu	fri	sat
6 今天	7	8	9	10	11	12

(3초)　제시음_____(6초)_____끝。

간단하게 대답하기　(준비시간: 15초 / 대답시간: 25초)

문제4.

今天是几月几号，星期几？

(15초)　제시음_____(25초)_____끝。

제05과 我们在哪儿见面?

숫자이야기

• 중국인들이 가장 좋아하는 숫자와 싫어하는 숫자는?

1. 좋아하는 숫자

중국인들이 가장 좋아하는 숫자는 바로 '8'이다.
중국 사람들은 한자와 발음이 비슷한 숫자에 의미를 부여한다.
숫자 '八(bā)'의 발음과 '돈을 벌다 发财(fācái)'의 '发(fā)'와 발음이 비슷해서 가장 좋아하는 숫자가 됐다고 한다. 자동차나 전화번호(핸드폰 번호) 등에 숫자 '8'을 선호하며, 그 숫자에 따라서 가격이 천차만별로 매겨지곤 한다. 번호뿐만 아니라 날짜를 선정하는데 있어서도 많은 영향을 끼친다. 중국에서는 8월 8일을 최고의 길일로 여겨 수천 쌍의 커플들이 결혼식을 올리고 일부러 8월 8일에 혼인신고를 하기도 하며, 심지어 출산일도 이 날에 맞추려고 한다. 이미 여러분들도 알고 있는 것처럼 '2008 베이징 올림픽' 역시 8월 8일 8시에 개막했다. 또 한가지 예로 중국에서 물건을 구

매할 때 유심히 가격을 살펴보면 항상 숫자 '8'이 들어있다. 88원, 188원, 198.88원... 등. 중국사람들의 '8'에 대한 사랑 정말 대단하죠?

'8'처럼 좋아하는 숫자 하나 더 살펴보면 이 숫자는 '순조롭다'라는 의미인 '六六大顺(liùliùdàshùn)'을 연상시키는 '6'이다. '六(liù)'는 '流(liú)'의 발음과 유사해 순조롭게 흘러가는 것으로 의미를 부여하여 사업하는 사람들에게 아주 인기가 좋은 숫자다. 각 성(省)마다 다르긴 하지만 중국인들에게 제일 중요한 생일을 66번째라고 여기는 사람들이 있다고 한다. 앞에 말한 것처럼 한 평생 순조롭게 살았다는 의미라고 한다.

2. 싫어하는 숫자

흔히 우리나라에서 럭키세븐이라며 환영받는 숫자 '7'은 오히려 싫어하는 숫자 중 하나다. 그 이유는 '7(qī)'의 발음이 '화나다'라는 단어 '生气(shēngqì)'의 '气(qì)'의 발음과 비슷하기 때문이라고 한다.

또한, 한국에서도 미움받는 숫자 '4'는 중국인들에게도 홀대받는 숫자다. '四(sì)'라는 숫자의 발음이 '죽다'의 의미를 가진 '死(sǐ)'와 발음이 비슷하기 때문이다.

중국인들은 숫자에서 뿐만 아니라 뜻을 중시하기 때문에 음과 의미를 결부시키는 특징을 다양한 곳에서 많이 느낄 수 있다.

하루 일과에 관한 표현

- 起床 qǐ//chuáng 일어나다, 기상하다
- 吃饭 chī//fàn 밥을 먹다, 식사를 하다
- 上班 shàng//bān 출근하다
- 工作 gōngzuò 일하다
- 开会 kāi//huì 회의하다
- 出差 chū//chāi 출장 가다
- 下班 xià//bān 퇴근하다
- 聚餐 jù//cān 회식하다
- 看电视 kàn diànshì TV를 보다
- 睡觉 shuì//jiào 잠을 자다

제06과
新工作好不好?
Xīn gōngzuò hǎo bu hǎo?

주요 학습 내용
정반의문문 / 수를 묻는 의문문 / 형용사술어문

아~기다리고 기다리던 금요일이구나!
오랜만에 편한 친구와 수다떨며 한잔하니 좋구나! 캬~~
자꾸 여자친구 소개시켜 달라는 봉구.
우리 팀에 정말 예쁜 대리님이 있긴 한데…
성격 더러워도 괜찮겠니?
오대리님이 내 제수씨가 되는건…
음… 난 반댈세!!!

핵심문장 다시보기 🎧 080

1. 工作顺利吗？ Gōngzuò shùnlì ma?

2. 这个星期五有时间吗？ Zhè ge xīngqīwǔ yǒu shíjiān ma?

3. 我们在哪儿见面？ Wǒmen zài nǎr jiànmiàn?

4. 你几点下班？ Nǐ jǐ diǎn xiàbān?

5. 我们一起吃晚饭吧！ Wǒmen yìqǐ chī wǎnfàn ba!

① 部门 bùmén 명 부서

② 对 duì 개 ~에게, ~에 대하여, ~에 대해(서)

③ 都 dōu 부 모두

④ 也 yě 부 ~또한, 역시

⑤ 不过 búguò 접 그러나, 그런데

발음UP

<2성과 다른 성조와의 결합>

2성 + 1성	chuánzhēn 传真 팩스	huíjiā 回家 귀가하다
2성 + 2성	xuéxí 学习 공부하다	yóujú 邮局 우체국
2성 + 3성	yóuyǒng 游泳 수영하다	píjiǔ 啤酒 맥주
2성 + 4성	tóngshì 同事 동료	búyòng 不用 필요없다
2성 + 경성	biéde 别的 다른 것	péngyou 朋友 친구

凤九	好久不见！新工作好不好？
	Hǎojiǔ bújiàn! Xīn gōngzuò hǎo bu hǎo?
房贵男	马马虎虎。这是我的名片。
	Mǎmǎ hūhū. Zhè shì wǒ de míngpiàn.
凤九	哇！真棒！恭喜恭喜！
	Wā! Zhēn bàng! Gōngxǐ gōngxǐ!
	你们部门一共几个人？
	Nǐmen bùmén yígòng jǐ ge rén?
房贵男	六个人。
	Liù ge rén.
	部长，次长，两个科长，代理和我。
	Bùzhǎng, cìzhǎng, liǎng ge kēzhǎng, dàilǐ hé wǒ.

♥ Tip
중국어에서 사람이나 사물을 나열할 때에는 마지막 명사 앞에 '和[hé]'를 써준다.
(A, B, C 和 D.)

꼬마사전

- **好久不见 hǎojiǔ bújiàn**
  오랜만이다
- **新 xīn**
  형 새로운, 새 것의
- **马马虎虎 mǎmǎ hūhū**
  형 그저 그렇다
- **哇 wā**
  감 와, 우아
- **真 zhēn**
  부 진짜로, 참말로
- **棒 bàng**
  형 훌륭하다, 대단하다
- **恭喜 gōngxǐ**
  동 축하하다
- **部门 bùmén**
  명 부서
- **一共 yígòng**
  부 모두(수의 합산)
- **和 hé**
  개 ~와/과
  (*사물이나 사람을 나열할 때는 접속사 용법으로 쓰임)

회화 ❷

凤九　　他们对你怎么样?
　　　　Tāmen duì nǐ zěnmeyàng?

房贵男　都不错。
　　　　Dōu búcuò.

凤九　　部门有没有漂亮的女孩儿?
　　　　Bùmén yǒu méiyǒu piàoliang de nǚháir?

房贵男　有。吴代理就是。
　　　　Yǒu. Wú dàilǐ jiùshì.

　　　　她很漂亮，也很聪明。
　　　　Tā hěn piàoliang, yě hěn cōngming.

　　　　不过性格不好。
　　　　Búguò xìnggé bù hǎo.

꼬마사전

☐ 对 duì
　[개] ~에게, ~에 대하여, ~에 대해(서)

☐ 都 dōu
　[부] 모두

☐ 不错 búcuò
　[형] 좋다

☐ 漂亮 piàoliang
　[형] 아름답다, 예쁘다

☐ 女孩儿 nǚháir
　[명] 여자, 여자 아이

☐ 很 hěn
　[부] 아주

☐ 也 yě
　[부] ~또한, 역시

☐ 聪明 cōngming
　[형] 똑똑한, 총명한

☐ 不过 búguò
　[접] 그러나, 그런데

☐ 性格 xìnggé
　[명] 성격

제06과 新工作好不好?

정리 노트

1. **정반의문문**

   정반의문문: 문장의 술어(동사 또는 형용사)가 되는 부분을 긍정형과 부정형을 나란히 배열하는 형태의 의문문.

   ★ 어순: 주어 + 술어(긍정형 + 부정형)?

   她　漂亮不漂亮?　그녀는 아름답습니까 안 아름답습니까?
   Tā　piàoliang bu piàoliang?

   你　去不去中国?　당신은 중국에 갑니까 안 갑니까?
   Nǐ　qù bu qù Zhōngguó?

   他　有没有女朋友?　그는 여자친구가 있습니까 없습니까?
   Tā　yǒu méiyǒu nǚpéngyǒu?

   (주의!) ① 정반의문문도 '~吗?'의문문과 뜻이 동일.

   　　　　따라서, 정반의문문과 어기조사 '吗'를 함께 쓰지 않도록 주의!

   　　　② 정반의문문에서 '不'는 경성으로 읽는다.

   □ 女朋友 nǚpéngyou [명] 여자친구

2. **수를 묻는 의문문**

   의문대사 '几(jǐ 몇)'와 '多少(duōshao 몇, 얼마)'는 모두 수량을 물을 때 사용.

   차이점:

几(jǐ)	多少(duōshao)
① 예상되는 수량이 적다고 생각될 때(10미만)	① 예상되는 수량이 많다고 생각될 때(10이상)
② '几(jǐ)' 뒤에는 반드시 양사를 수반	② '多少(duōshao)' 뒤에는 양사의 생략이 가능

   ★ 几 + 양사 + 명사 / 多少 + (양사) + 명사

   • 你们部门有几个人?　당신의 부서에는 몇 명이 있습니까?
   　Nǐmen bùmén yǒu jǐ ge rén?

   • 你们公司有多少(个)人?　당신의 회사에는 몇 명이 있습니까?
   　Nǐmen gōngsī yǒu duōshao (ge) rén?

   → 사람을 세는 양사는 '个(ge)'이지만, 가족 수를 세는 양사는 '口(kǒu)'를 사용함!

   • 你家有几口人?　당신의 집은 식구가 몇 명입니까?
   　Nǐ jiā yǒu jǐ kǒu rén?

   • 韩国人口有多少?　한국 인구는 몇 명입니까?
   　Hánguó rénkǒu yǒu duōshao?

   (주의!) 날짜, 시간, 가족의 수를 물을 때에는 '几'를 쓴다.

   □ 口 kǒu [양] 식구(가족 수에 사용되는 양사)
   □ 人口 rénkǒu [명] 인구

3. 형용사술어문

형용사술어문: 형용사가 술어가 되어 '주어가(는) 어떻다'라고 묘사하는 문장.

주의⚡ 형용사 앞에 반드시 정도부사를 사용해야 함.

다른 정도부사를 사용하지 않을 경우 정도부사 '很(hěn)'을 붙여서 말한다.

이때 '很'은 의미가 없으며 해석되지 않는다. (하지만 강하게 말하면 '매우, 아주'라는 뜻)

★ 긍정형: 주어 + 很 + 형용사

工作 很 忙。 일이 (매우) 바쁩니다.
Gōngzuò hěn máng.

他 很 累。 그는 (아주) 피곤합니다.
Tā hěn lèi.

质量 很 好。 품질이 (매우) 좋습니다.
Zhìliàng hěn hǎo.

★ 부정형: 주어 + 不 + 형용사

工作 不 忙。 일이 바쁘지 않습니다.
Gōngzuò bù máng.

他 不 累。 그는 피곤하지 않습니다.
Tā bú lèi.

质量 不 好。 품질이 좋지 않습니다.
Zhìliàng bù hǎo.

→ 의문형일 때는 형용사 앞에 정도부사를 사용하지 않음.

★ 의문형: 주어 + 형용사 + 吗?

工作 忙 吗? 일이 바쁩니까?
Gōngzuò máng ma?

他 累 吗? 그는 피곤합니까?
Tā lèi ma?

质量 好 吗? 품질이 좋습니까?
Zhìliàng hǎo ma?

☐ 忙 máng 〔형〕 바쁘다
☐ 累 lèi 〔형〕 힘들다, 피곤하다
☐ 质量 zhìliàng 〔명〕 품질

제06과 新工作好不好?

핵심 표현 짚어보기

1 他们对你怎么样?

对 (duì)

① 개사(전치사): ~에게, ~에 대하여, ~에 대해(서) – A 对 B

- 他对你好不好? 그는 당신에게 잘 해줍니까?
  Tā duì nǐ hǎo bu hǎo?
- 他对我很好。 그는 나에게 잘 해줍니다.
  Tā duì wǒ hěn hǎo.
- 我对你有意见。 나는 당신에게 의견이 있습니다.(불만이 있음을 나타냄)
  Wǒ duì nǐ yǒu yìjiàn.

② 형용사: 맞다, 옳다, 정확하다(↔ 错(cuò): 틀리다, 맞지 않다)

☐ 意见 yìjiàn 명 의견

2 真棒

정도부사 + 형용사

정도부사

真 zhēn 진짜로, 정말로 / 非常 fēicháng 매우, 대단히
挺 tǐng 매우, 아주 / 很 hěn 매우, 아주

- 她真漂亮。 그녀는 정말로 아름답습니다.
  Tā zhēn piàoliang.
- 这本书非常难。 이 책은 매우 어렵습니다.
  Zhè běn shū fēicháng nán.
- 汉语很有意思。 중국어는 매우 재미있습니다.
  Hànyǔ hěn yǒuyìsi.
- 员工挺多的。 직원이 아주 많습니다.
  Yuángōng tǐng duō de.

▶ '挺'은 '挺…的' 형태로 많이 쓰이며 의미는 같다.

☐ 难 nán 형 어렵다
☐ 汉语 Hànyǔ 명 중국어
☐ 有意思 yǒuyìsi 형 재미있다
☐ 员工 yuángōng 명 직원

말해보기

※ 각 번호에 표시된 단어를 교체연습 단어로 바꿔가며 연습해 보세요!

1 去 qù / 中国 Zhōngguó

- 我去。Wǒ qù.
- 你去中国吗？Nǐ qù Zhōngguó ma?
- 你也去中国吗？Nǐ yě qù Zhōngguó ma?
- 你去不去中国？Nǐ qù bu qù Zhōngguó?
- 我也去中国。Wǒ yě qù Zhōngguó.

- 看 kàn　中国电影 Zhōngguó diànyǐng
- 吃 chī　面包 miànbāo

2 汉语 Hànyǔ / 难 nán

- 难。Nán.
- 难吗？Nán ma?
- 汉语难吗？Hànyǔ nán ma?
- 汉语难不难？Hànyǔ nán bu nán?
- 汉语很难。Hànyǔ hěn nán.
- 汉语不难。Hànyǔ bù nán.

- 中国人 Zhōngguórén　多 duō
- 这件衣服 zhè jiàn yīfu　贵 guì

☐ 贵 guì 〔형〕 비싸다

제06과 新工作好不好？

연습 문제

듣기

녹음을 잘 듣고 다음 [보기]에서 일치하는 단어를 고르시오. 085

| 보기 | 对　　难　　也　　真　　口 |

① _____ ② _____ ③ _____ ④ _____ ⑤ _____

말하기

다음 그림을 보고 상황에 맞게 말하시오.

A : 他有女朋友吗?

B : _____。

A : _____?

B : 中国人。

A : _____?

B : 她很漂亮。

서로 관련있는 것끼리 짝을 지으시오.

1　他们对你怎么样？　　　　　马马虎虎。

2　新工作好不好？　　　　　　都不错。

3　恭喜恭喜！　　　　　　　　不忙。

4　工作忙吗？　　　　　　　　谢谢！

아래의 제시된 단어를 의미에 맞게 배열하시오.

1　几　一共　人　你们　个

→ _____？

2　也　吗　去　你　中国

→ _____？

3　她　也　漂亮　很　聪明　很

→ _____。

도전하기

그림보고 대답하기　(준비시간: 3초 / 대답시간: 6초)　086

문제1.

(3초)　　제시음＿＿＿＿＿(6초)＿＿＿＿＿끝。

* 참고 단어: 什么 shénme 〔대〕 무엇, 무슨

그림보고 대답하기　(준비시간: 3초 / 대답시간: 6초)　087

문제2.

(3초)　　제시음＿＿＿＿＿(6초)＿＿＿＿＿끝。

그림보고 대답하기　(준비시간: 3초 / 대답시간: 6초)　

간단하게 대답하기　(준비시간: 15초 / 대답시간: 25초)

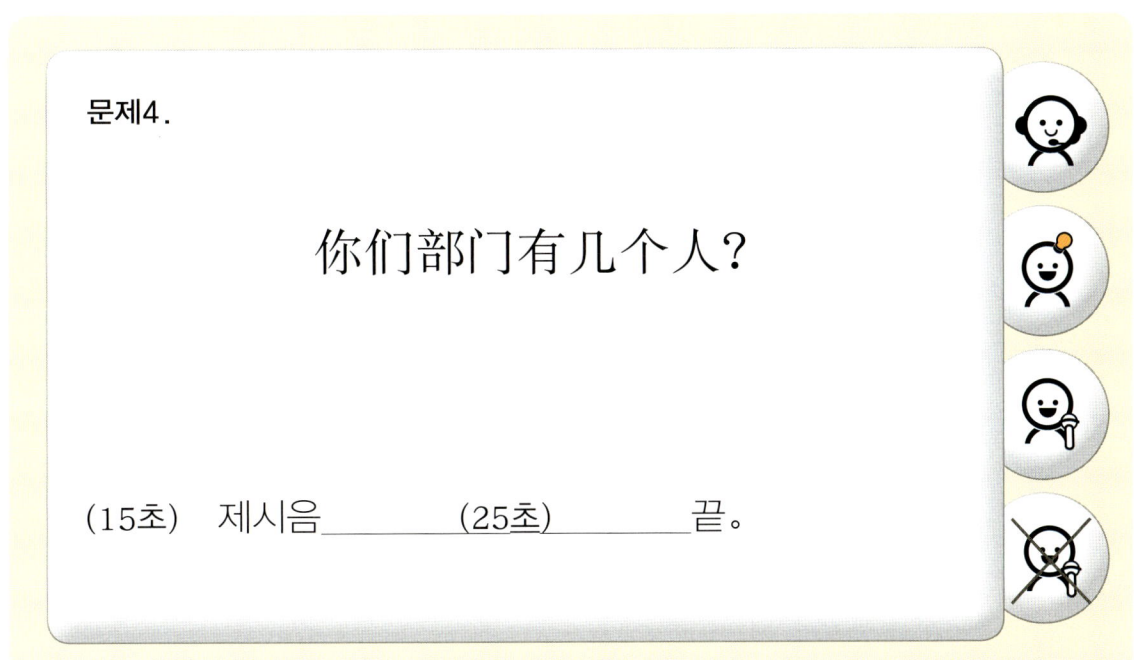

중국의 패스트 푸드

快餐 (kuàicān): '빨리 나오는 음식' 즉, 패스트푸드이다.

중국의 패스트푸드 시장은 1987년 4월 KFC가 중국에 진출하면서 형성되기 시작하였다. 중국 출장이나 여행 중에 음식이 입에 맞지 않는다면 패스트푸드점에 가는 것도 좋은 방법이다.

▶麦当劳(Màidāngláo): 맥도널드

▶肯德基(Kěndéjī): KFC

▶必胜客(Bìshèngkè): 피자헛

▶达美乐(Dáměilè): 도미노피자

현재 패스트푸드 시장에서도 특히 중식 패스트푸드 분야가 저렴한 가격과 여러 소비계층을 만족시키는 맛을 강점으로 내세워 빠른 속도로 성장하며 현재 전체 패스트푸드 시장의 80% 가까이를 차지하고 있다. 중식 패스트푸드는 일반 패스트푸드점의 햄버거 세트메뉴와 비슷한 방식으로 밥, 국, 주요리, 반찬을 기본으로 한 세트메뉴를 제공하며 큰 인기를 끌고 있다. 이에 최근 KFC도 죽 등 전통 중국식 아침 메뉴를 선보이고 일반 메뉴로 덮밥 등 신 메뉴를 출시하며 중식 패스트푸드 브랜드의 강세에 적극적으로 나서고 있다. 맥도널드의 경우에도 중국인이 좋아하는 파인애플, 팥파이 등을 별도의 메뉴로 내놓기도 하고, 또 특이한 점은 '맥모닝'에 중국식 죽이나 요우탸오(꽈배기튀김)으로 대체되기도 한다.

▶油条(yóutiáo): 요우탸오(꽈배기 튀김)

제07과

新手机号码是多少?
Xīn shǒujī hàomǎ shì duōshao?

주요 학습 내용
전화번호 묻고 답하기 / 인민폐 읽는 법 / 어기조사 了

노예계약 1년도 더 남아서 못 바꿨던 봉구 녀석의 new 폰 멜론 S5 !!! 부러우면 지는 거다. 그나저나 오늘 봉구 완전 필 받으셨군. 노래방까지 가자네. 오늘 내 얘기 많이 들어준 봉구를 위해서 봉구가 그렇게 가고 싶다는 노래방으로 고고!

핵심문장 다시보기 🎧091

1 你们部门一共几个人？ Nǐmen bùmén yígòng jǐ ge rén?

2 他们对你怎么样？ Tāmen duì nǐ zěnmeyàng?

3 新工作好不好？ Xīn gōngzuò hǎo bu hǎo?

4 工作很忙。 Gōngzuò hěn máng.

5 她很漂亮，也很聪明。 Tā hěn piàoliang, yě hěn cōngming.

① 换 huàn 동 바꾸다, 교환하다
② 了 le 조 문장 끝에 쓰여 동작 또는 변화의 완료나 상황의 변화를 나타냄
③ 号码 hàomǎ 명 번호
④ 回家 huí//jiā 동 귀가하다
⑤ 请客 qǐng//kè 동 한턱내다, 접대하다, 초대하다

발음 UP

<3성과 다른 성조와의 결합>

3성 + 1성	jiǎndāo 剪刀 가위	Běijīng 北京 베이징(북경)
3성 + 2성	jiǎnchá 检查 검사하다	lǚxíng 旅行 여행하다
3성 + 3성	dǎsǎo 打扫 청소하다	shuǐguǒ 水果 과일
3성 + 4성	qǐngjià 请假 휴가 내다	jiǔdiàn 酒店 호텔
3성 + 경성	zěnme 怎么 어떻게	xǐhuan 喜欢 좋아하다

회화 ❶

房贵男　你换手机了？
　　　　Nǐ huàn shǒujī le?

凤九　　对！我的手机号码也换了。
　　　　Duì! Wǒ de shǒujī hàomǎ yě huàn le.

房贵男　是吗？新手机号码是多少？
　　　　Shì ma? Xīn shǒujī hàomǎ shì duōshao?

凤九　　零幺零幺三四五二六八九。
　　　　(01013452689)
　　　　Líng yāo líng yāo sān sì wǔ èr liù bā jiǔ.

房贵男　好的。
　　　　Hǎo de.

Tip
1. 중국에서는 전화번호에 '-[yī]'를 쓰지 않는다.
2. 전화번호등 한 자리씩 숫자를 끊어 읽을 때에는 '1'을 '幺[yāo]'라 읽는다.

꼬마사전
- 换 huàn
  - 동 바꾸다, 교환하다
- 了 le
  - 조 문장 끝에 쓰여 동작 또는 변화의 완료나 상황의 변화를 나타냄
- 对 duì
  - 형 맞다, 옳다
- 号码 hàomǎ
  - 명 번호
- 零 líng
  - 수 숫자 'O', 제로(zero)
- 幺 yāo
  - 수 숫자 '1'
  - (*한 자리씩 숫자를 끊어 읽을 때 주로 사용된다.)

회화 ❷

房贵男　回家吧！今天我来付钱。
　　　　Huíjiā ba!　Jīntiān wǒ lái fùqián.

　　　　服务员，结账。
　　　　Fúwùyuán,　jiézhàng.

服务员　一共五万六千块。
　　　　Yígòng wǔwàn liùqiān kuài.

凤九　　我们去歌厅，怎么样？
　　　　Wǒmen qù gētīng,　zěnmeyàng?

房贵男　好的。
　　　　Hǎo de.

凤九　　唱歌我请客。
　　　　Chànggē wǒ qǐngkè.

> **Tip**
> 화폐 단위는 중국의 화폐 단위를 연습할 수 있도록 '块[kuài]'를 사용했다.

꼬마사전

- 回家 huí//jiā
  - 동 귀가하다
- 付 fù
  - 동 돈을 지불하다
- 钱 qián
  - 명 돈
- 结账 jié//zhàng
  - 동 계산하다, 결산하다
- 万 wàn
  - 수 만
- 千 qiān
  - 수 천
- 块 kuài
  - 양 위안(元)
- 歌厅 gētīng
  - 명 노래방
  - (卡拉OK kǎlāOK)
- 唱歌 chàng//gē
  - 동 노래 부르다
- 请客 qǐng//kè
  - 동 한턱 내다, 접대하다, 초대하다

정리 노트

1. 전화번호 묻고 답하기

   중국어에서 전화번호, 방 번호, 신분증 번호 등을 물을 때 '多少(duōshao)'를 사용한다.

   대답 시에 번호는 한 자리씩 말한다.

   * 0: 零 líng / 1: 幺 yāo

   - A: 你的手机号码是多少? 당신의 핸드폰 번호는 몇 번입니까?
     Nǐ de shǒujī hàomǎ shì duōshao?

     B: 我的手机号码是幺三五零幺三五二九二零 (13501352920)。
     Wǒ de shǒujī hàomǎ shì yāo sān wǔ líng yāo sān wǔ èr jiǔ èr líng.
     나의 핸드폰 번호는 13501352920입니다.

   - A: 你的房间号码是多少? 당신의 방 번호는 몇 번입니까?
     Nǐ de fángjiān hàomǎ shì duōshao?

     B: 房间号是八八零二(8802)号。 방 번호는 8802호입니다.
     Fángjiān hào shì bā bā líng èr hào.

   ☐ 房间 fángjiān 명 방

2. 수 읽는 방법

   중국어에서 수를 읽는 방법에 우리말과 다른 점이 몇 가지가 있다.

   (1) 단위 앞에 '一(yī)'가 필요하다.

   百(bǎi), 千(qiān), 万(wàn) 등 앞에 '一(yī)'를 붙여 말한다.

   一百(yìbǎi) / 一千(yìqiān) / 一万(yíwàn)
   일백   일천   일만

   (주의!) '十(shí)'의 경우에도 숫자 도중에 나올 때는 넣어서 말을 하는 습관이 있다.

   - 319 : 三百一十九 sān bǎi yìshí jiǔ

(2) '零(líng)'이 필요하다.

① 3자리 이상의 숫자 사이에 '0'이 있을 때

- 506: 五百零六 wǔbǎi líng liù

② '0'이 여러 번 계속되어도 한번만 사용

- 3,008: 三千零八 sānqiān líng bā
- 3,0008: 三万零八 sānwàn líng bā

주의❗ 단, 숫자 끝에 '0'은 쓰지 않는다.

- 3,080: 三千零八十 sānqiān líng bāshí

3. 인민폐 읽는 방법

중국어의 화폐단위는 인민폐(人民币 rénmínbì → RMB)이다.

서면체	元 (yuán)	角 (jiǎo)	分 (fēn)
구어체	块 (kuài)	毛 (máo)	分 (fēn)

▶ 1元(块) = 10角(毛) = 100分: 10진법

- 12.00元   十二块钱
  shí'èr kuài qián

- 12.56元   十二块五毛六(分)
  shí'èr kuài wǔ máo liù (fēn)

- 12.07元   十二块零七(分)
  shí'èr kuài líng qī (fēn)

- 375.69元   三百七十五块六毛九(分)
  sānbǎi qīshí wǔ kuài liù máo jiǔ (fēn)

- 143.08元   一百四十三块零八(分)
  yìbǎi sìshí sān kuài líng bā (fēn)

주의❗ ① 화폐의 중간 단위가 비어 있을 때에는 '零(líng)'으로 읽는다.

② '毛'나 '分'이 금액 끝에 오면 생략할 수 있다.

핵심 표현 짚어보기

1 你换手机了?

어기조사 '了(le)'

어기조사 '了(le)'는 문장 끝에 쓰여 동작 또는 변화의 완료나 상황의 변화를 나타낸다.

- 现在几点了? 지금 몇 시입니까?(지금 몇 시가 되었습니까?)
  Xiànzài jǐ diǎn le?
- 我现在是公司职员了。 나는 지금 회사원입니다.(나는 회사원이 되었습니다.)
  Wǒ xiànzài shì gōngsī zhíyuán le.
- 夏天到了。 여름입니다.(여름이 되었습니다.)
  Xiàtiān dào le.

> ☐ 职员 zhíyuán 명 직원
> ☐ 夏天 xiàtiān 명 여름
> ☐ 到 dào 동 도달하다, 도착하다

2 一共五万六千块。

一共(yígòng)

부사 '一共(yígòng)'은 '모두, 전부'라는 뜻으로 수의 합계, 합산에서만 가능하다.

- 一共多少钱? 모두 (합해서) 얼마입니까?
  Yígòng duōshao qián?
- 一共三百五十块。 모두 (합해서) 350위안입니다.
  Yígòng sānbǎi wǔshí kuài.

> **주의!** 부사 '都'와는 차이가 있으니 주의해서 사용해야 한다.

- 我们两个人一共有一百块。 우리 둘이 합쳐서 100위안이 있다.
  Wǒmen liǎng ge rén yígòng yǒu yìbǎi kuài.
- 我们两个人都有一百块。 우리 두 사람은 모두 100위안이 있다.
  Wǒmen liǎng ge rén dōu yǒu yìbǎi kuài.

 **말해보기**

※ 각 번호에 표시된 단어를 교체연습 단어로 바꿔가며 연습해 보세요!

1 手机号码 shǒujī hàomǎ

- 你的手机号码。 Nǐ de shǒujī hàomǎ.
- 你的手机号码是多少? Nǐ de shǒujī hàomǎ shì duōshao?

 교체연습
- 电话号码 diànhuà hàomǎ
- 身份证号码 shēnfènzhèng hàomǎ
- 车牌号 chēpáihào

2 五万六千(56,000) wǔwàn liùqiān

- 五万六千块。 Wǔwàn liùqiān kuài.
- 一共五万六千块。 Yígòng wǔwàn liùqiān kuài.
- 一个蛋糕，两杯牛奶一共五万六千块。
  Yí ge dàngāo, liǎng bēi niúnǎi yígòng wǔwàn liùqiān kuài.

 교체연습
- 三万七千(37,000) sānwàn qīqiān
- 一万九千(19,000) yíwàn jiǔqiān
- 四万三千(43,000) sìwàn sānqiān

- 电话 diànhuà 명 전화
- 身份证 shēnfènzhèng 명 신분증
- 车牌 chēpái 명 차량 번호판
- 蛋糕 dàngāo 명 케이크
- 牛奶 niúnǎi 명 우유

연습 문제

듣기

녹음을 잘 듣고 다음 [보기]에서 일치하는 단어를 고르시오. 096

보기　　房间　　回家　　结账　　请客　　号码

①_____　②_____　③_____　④_____　⑤_____

다음 그림을 보고 상황에 맞게 말하시오.

| 3.5块 | 5块 | 2.8块 | 198块 |

1　A：一辆自行车多少钱？

　　B：_____。

2　A：一个面包多少钱？

　　B：_____。

3　A：一瓶可乐、一杯咖啡多少钱？

　　B：_____。

서로 관련있는 것끼리 짝을 지으시오.

1 服务员，结账。　　●　　●　5点。

2 房间号码是多少？　●　　●　8802号。

3 你们一共有几个人？●　　●　6个人。

4 现在几点了？　　　●　　●　一共五万六千块。

아래의 제시된 단어를 의미에 맞게 배열하시오.

1 我们　去　怎么样　歌厅

→ _____?

2 你　多少　手机　的　是　号码

→ _____?

3 了　手机　的　号码　我　换

→ _____。

4 来　付　钱　我　今天

→ _____。

TSC 도전하기

그림보고 대답하기   (준비시간: 3초 / 대답시간: 6초) 097

문제1.

(3초)   제시음_____(6초)_____끝。

그림보고 대답하기   (준비시간: 3초 / 대답시간: 6초) 098

문제2.

(3초)   제시음_____(6초)_____끝。

그림보고 대답하기 (준비시간: 3초 / 대답시간: 6초) 🎧099

문제3.

(3초)   제시음_____(6초)_____끝。

간단하게 대답하기 (준비시간: 15초 / 대답시간: 25초) 🎧100

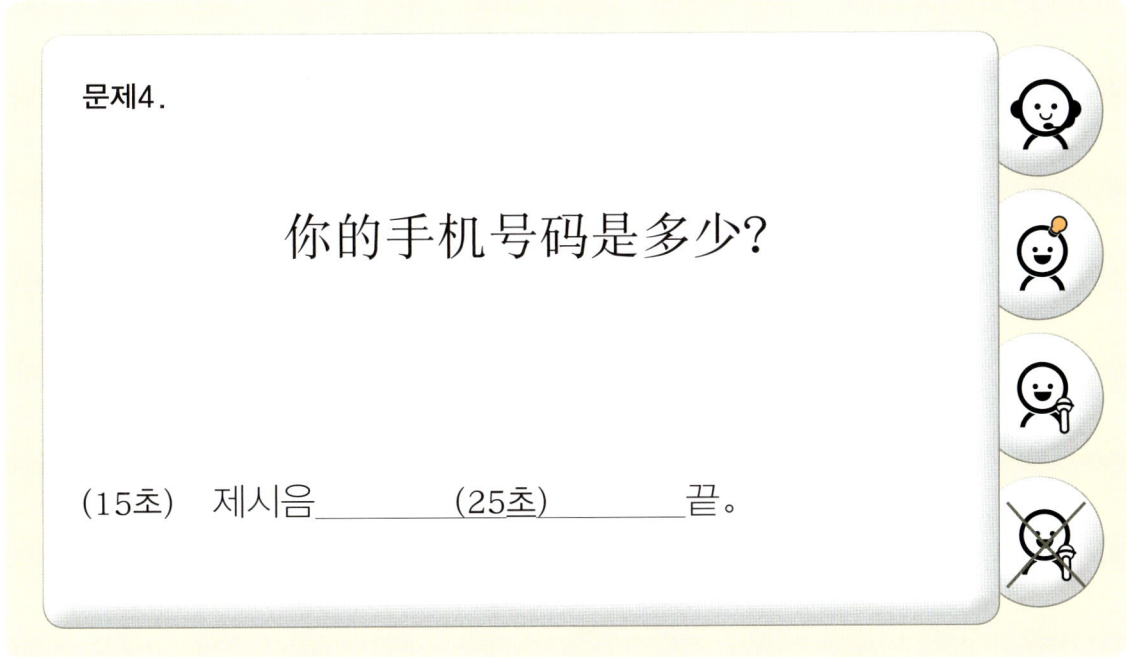

문제4.

你的手机号码是多少？

(15초)   제시음_____(25초)_____끝。

중국의 화폐 - 인민폐(人民币 Rénmínbì)

중화인민공화국(中华人民共和国 Zhōnghuá Rénmín Gònghéguó)의 법정 화폐는 인민폐이다. 100元, 50元, 20元, 10元, 5元, 1元의 도안(앞)은 모두 毛泽东(Máo Zédōng)이다. 뒷면은 인민대회당, 포탈라궁, 계림산수, 장강삼협, 태산, 항주서호의 도안이 있다. '角'단위의 지폐에는 소수민족의 도안이 실려있으며, '5角' 지폐에는 묘족과 장족이, '2角' 지폐에는 한복을 입은 조선족과 부이족이, '1角' 지폐에는 고산족과 만주족이 있다.

100위안 앞	100위안 뒤	50위안 앞	50위안 뒤
20위안 앞	20위안 뒤	10위안 앞	10위안 뒤
5위안 앞	5위안 뒤	1위안 앞	1위안 뒤
5쟈오 앞	5쟈오 뒤	2쟈오 앞	2쟈오 뒤
1쟈오 앞	1쟈오 뒤	1위안 앞 (동전)	1위안 뒤 (동전)
5쟈오 앞 (동전)	5쟈오 뒤 (동전)	2쟈오 앞 (동전)	2쟈오 뒤 (동전)	1쟈오 앞 (동전)	1쟈오 뒤 (동전)

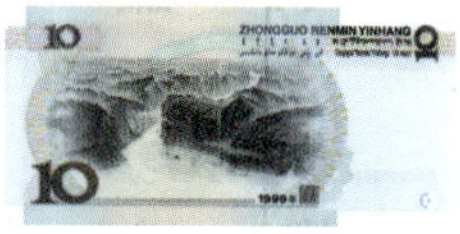

제08과
我想办出入卡。
Wǒ xiǎng bàn chūrùkǎ.

주요 학습 내용
要의 쓰임 / 想의 쓰임 / 听说

다시 월요일이구나.
자, 또 새로운 맘으로 열심히 한 주를 보내보자! 그나저나 입사한지가 언젠데 출입카드를 안 주나 했더니…
인사팀 가서 직접 신청하는 거였다네. 진작 좀 알려주지ㅠ.ㅠ 아무도 안 알려주고… 너무해! 그나저나 인사팀은 어디였더라?

핵심문장 다시보기 🎧 101

1 你的手机号码是多少？ Nǐ de shǒujī hàomǎ shì duōshao?

2 房间号是8802号。 Fángjiān hào shì bā bā líng èr hào.

3 服务员，结账。 Fúwùyuán, jiézhàng.

4 我来付钱。 Wǒ lái fùqián.

5 唱歌我请客。 Chànggē wǒ qǐngkè.

미리보기 🎧102

① 想 xiǎng 동 조 보고 싶다, ~하고 싶다

② 办 bàn 동 처리하다

③ 别 bié 부 ~하지 마라

④ 听说 tīng//shuō 듣자 하니, 들은 바로는 (~라고 한다)

⑤ 要 yào 동 조 원하다, 필요하다, ~하려고 한다, ~해야 한다

발음UP 🎧103

〈4성과 다른 성조와의 결합〉

4성 + 1성	jùcān 聚餐 회식하다	shàngbān 上班 출근하다
4성 + 2성	jiàgé 价格 가격	liànxí 练习 연습하다
4성 + 3성	Hànyǔ 汉语 중국어	dìzhǐ 地址 주소
4성 + 4성	jiànmiàn 见面 만나다	hùzhào 护照 여권
4성 + 경성	xièxie 谢谢 감사합니다	lìhai 厉害 대단하다

房贵男　　科长，我想办出入卡。
　　　　　Kēzhǎng, wǒ xiǎng bàn chūrùkǎ.

　　　　　在哪儿办出入卡？
　　　　　Zài nǎr bàn chūrùkǎ?

高大路　　人事部。
　　　　　Rénshìbù.

房贵男　　人事部在几楼？
　　　　　Rénshìbù zài jǐ lóu?

高大路　　12楼。
　　　　　Shí'èr lóu.

房贵男　　谢谢。
　　　　　Xièxie.

高大路　　别客气。
　　　　　Bié kèqì.

꼬마사전

- 想 xiǎng
  - 동 조 보고 싶다, ~하고 싶다
- 办 bàn
  - 동 처리하다
- 出入卡 chūrùkǎ
  - 명 출입카드
- 人事部 rénshìbù
  - 명 인사부(팀)
- 楼 lóu
  - 명 양 건물, 층
- 别 bié
  - 부 ~하지 마라
- 客气 kèqì
  - 형 동 예의 바르다, 겸손하다, 체면을 차리다

〈인사팀에 도착해서〉

房贵男　您好!
　　　　Nín hǎo!

　　　　我是海外营业部的新职员，叫房贵男。
　　　　Wǒ shì hǎiwài yíngyèbù de xīn zhíyuán, jiào Fáng Guìnán.

　　　　请问，哪位是金代理?
　　　　Qǐngwèn, nǎ wèi shì Jīn dàilǐ?

金代理　我就是，有事儿吗?
　　　　Wǒ jiù shì, yǒu shìr ma?

房贵男　我想办出入卡。
　　　　Wǒ xiǎng bàn chūrùkǎ.

　　　　听说是在人事部办。
　　　　Tīngshuō shì zài rénshìbù bàn.

金代理　办卡要本人相片。
　　　　Bàn kǎ yào běnrén xiàngpiàn.

房贵男　是吗? 那明天我再来吧。
　　　　shì ma? Nà míngtiān wǒ zài lái ba.

꼬마사전

- 听说 tīng//shuō
  듣자 하니, 들은 바로는
  (~라고 한다)
- 位 wèi
  양 분(사람을 세는 존경형 양사)
- 卡 kǎ
  명 카드
- 要 yào
  동 조 원하다, 필요하다, ~하려고 한다, ~해야 한다
- 本人 běnrén
  명 (1인칭) 나, 본인
- 相片 xiàngpiàn
  명 사진
- 再 zài
  부 다시, 또

정리 노트

1. **要(yào)의 쓰임**

   (1) 동사: 원하다, 필요하다

   - 我要钱。 Wǒ yào qián. 나는 돈을 원합니다.
   - 我要咖啡。 Wǒ yào kāfēi. 나는 커피를 원합니다.
   - 他要那本书。 Tā yào nà běn shū. 그는 그 책을 원합니다.

   주어 동사 목적어

   (2) 조동사

   ① 의지, 소망: ~하려고 하다, ~하고 싶다

   ★ 부정형: 不想 (bù xiǎng)

   - 我要换钱。 Wǒ yào huàn qián. 나는 환전을 하려고 합니다.
   - 我不想喝咖啡。 Wǒ bù xiǎng hē kāfēi. 나는 커피를 마시고 싶지 않습니다.
   - 他要买那本书。 Tā yào mǎi nà běn shū. 그는 그 책을 사려고 합니다.

   주어 조동사 동사 명사 (지시대사+양사+명사)

   ② 당위성: ~을/를 필요로 하다, ~해야 한다

   ★ 부정형: 不用 (búyòng)

   - 我要学汉语。 나는 중국어를 공부해야 합니다.
     Wǒ yào xué Hànyǔ.
   - 你不用学汉语。 당신은 중국어를 공부하지 않아도 됩니다.
     Nǐ búyòng xué Hànyǔ.

   주의⚡ 조동사 '要'의 부정형은 '不想 (bù xiǎng)/不用 (bú yòng)'임을 주의하자!

   ★ 不要(búyào): '要'의 부정형이 아닌, '~하지 마라'의 뜻의 행위 금지를 나타냄.

   '不要(búyào)' 뒤에 동사가 있을 때 (= '别(bié)'와 동일)

   - 你不要喝酒。 Nǐ búyào hē jiǔ. 당신 술 마시지 마세요.
   - 你们不要迟到。 Nǐmen búyào chídào. 당신들 지각하지 마세요.

   ☐ 学 xué [동] 공부하다, 학습하다
   ☐ 迟到 chídào [동] 지각하다

2. **想(xiǎng)의 쓰임**

(1) 동사: 보고 싶다, 그리워하다, 생각하다

- 我 想 她。 Wǒ xiǎng tā. 나는 그녀가 보고 싶습니다.
- 我 想 家。 Wǒ xiǎng jiā. 나는 집이 그립습니다.
  주어 동사 목적어

(2) 조동사: ~하고 싶다(동사 앞에 놓여 바람, 희망, 계획 들을 나타냄)

★ 부정형: 不想 (bù xiǎng)

- 我 想 回家。 Wǒ xiǎng huíjiā. 나는 집에 가고 싶습니다.
- 我 不想 喝 茶。 Wǒ bù xiǎng hē chá. 나는 차를 마시고 싶지 않습니다.
- 你 想 去 中国吗? Nǐ xiǎng qù Zhōngguó ma? 당신은 중국에 가고 싶습니까?
  주어 조동사 동사 목적어

주의! 조동사가 쓰인 문장을 정반의문문으로 말할 경우, 동사를 정반하지 않고 조동사를 정반해야 한다. (*조동사의 용법과 여러 가지 조동사들은 2권 참고)

- 你想去不去中国? (X)
  Nǐ xiǎng qù bu qù Zhōngguó?

- 你想不想去中国? (O) 당신은 중국에 가고 싶습니까 안 가고 싶습니까?
  Nǐ xiǎng bu xiǎng qù Zhōngguó?

핵심 표현 짚어보기

1 听说是在人事部办。

听说

'听说(tīngshuō)'는 '듣자 하니, 들은 바로는 ~라고 한다'라는 뜻으로 '听说 + 들은 내용' 형식으로 말한다.

- 听说明天是你的生日。 듣자 하니, 내일 당신의 생일이라고 하더군요.
  Tīngshuō míngtiān shì nǐ de shēngrì.
- 听说他去开会了。 듣자 하니, 그는 회의에 갔다고 합니다.
  Tīngshuō tā qù kāihuì le.
- 听说明年公司要加工资。 듣자 하니, 내년에 월급을 올려준다고 합니다.
  Tīngshuō míngnián gōngsī yào jiā gōngzī.

□ 生日 shēngrì 명 생일
□ 开会 kāi//huì 동 회의하다
□ 加 jiā 동 더하다, 가하다
□ 工资 gōngzī 명 월급, 임금

2 请问，哪位是金代理?

의문대사 哪 뒤에는 반드시 양사를 붙여 말한다.

`의문대사 哪 + 양사 + 명사`

- 哪位是人事部的部长? 어느 분이 인사팀 부장님입니까?
  Nǎ wèi shì rénshìbù de bùzhǎng?
- 哪辆自行车是你的? 어떤 자전거가 당신 것입니까?
  Nǎ liàng zìxíngchē shì nǐ de?
- 哪本书是你的? 어떤 책이 당신 것입니까?
  Nǎ běn shū shì nǐ de?

 **말해보기**

※ 각 번호에 표시된 단어를 교체연습 단어로 바꿔가며 연습해 보세요!

1 吃 chī / 面条 miàntiáo

- 我要吃。Wǒ yào chī.
- 我要吃面条。Wǒ yào chī miàntiáo.
- 我也要吃面条。Wǒ yě yào chī miàntiáo.
- 你要吗? Nǐ yào ma?
- 你要吃吗? Nǐ yào chī ma?
- 你也要吃吗? Nǐ yě yào chī ma?
- 你也要吃面条吗? Nǐ yě yào chī miàntiáo ma?

 교체연습

- 看 kàn   电影 diànyǐng
- 喝 hē   啤酒 píjiǔ

2 去 qù / 中国 Zhōngguó

- 我想去。Wǒ xiǎng qù.
- 我想去中国。Wǒ xiǎng qù Zhōngguó.
- 我也想去中国。Wǒ yě xiǎng qù Zhōngguó.
- 你想去中国吗? Nǐ xiǎng qù Zhōngguó ma?
- 你想不想去中国? Nǐ xiǎng bu xiǎng qù Zhōngguó?
- 你也想去中国吗? Nǐ yě xiǎng qù Zhōngguó ma?

 교체연습

- 去 qù   欧洲 Ōuzhōu
- 买 mǎi   一件大衣 yí jiàn dàyī

☐ 欧洲 Ōuzhōu 고유 유럽
☐ 大衣 dàyī 명 외투, 코트

제08과 我想办出入卡。 145

연습 문제

듣기

녹음을 잘 듣고 다음 [보기]에서 일치하는 단어를 고르시오.

| 보기 | 想　要　哪　办　学 |

① _____ ② _____ ③ _____ ④ _____ ⑤ _____

말하기

다음 그림을 보고 상황에 맞게 말하시오.

1 A : _____?

   B : 那辆自行车是我的。

2 A : 你要喝可乐吗?

   B : _____。

3 A : 你想去中国吗?

   B : _____。

서로 관련있는 것끼리 짝을 지으시오.

1 要几张相片?　　●　　　　　● 两张。

2 你想去中国吗?　●　　　　　● 12楼。

3 你要换钱吗?　　●　　　　　● 不用。

4 人事部在几楼?　●　　　　　● 很想去。

아래의 제시된 단어를 의미에 맞게 배열하시오.

1 我　不　喝　想　茶

　→ _____ 。

2 在　人事部　是　办　听说

　→ _____ 。

3 吧　来　我　再　明天

　→ _____ 。

4 书　他　要　本　那　买

　→ _____ 。

그림보고 대답하기 (준비시간: 3초 / 대답시간: 6초) 🎧 107

문제1.

(3초)   제시음_____(6초)_____ 끝。

그림보고 대답하기 (준비시간: 3초 / 대답시간: 6초) 🎧 108

문제2.

(3초)   제시음_____(6초)_____ 끝。

* 참고 단어: 什么 shénme 〔대〕 무엇, 무슨

그림보고 대답하기　(준비시간: 3초 / 대답시간: 6초)　🎧109

간단하게 대답하기　(준비시간: 15초 / 대답시간: 25초)　🎧110

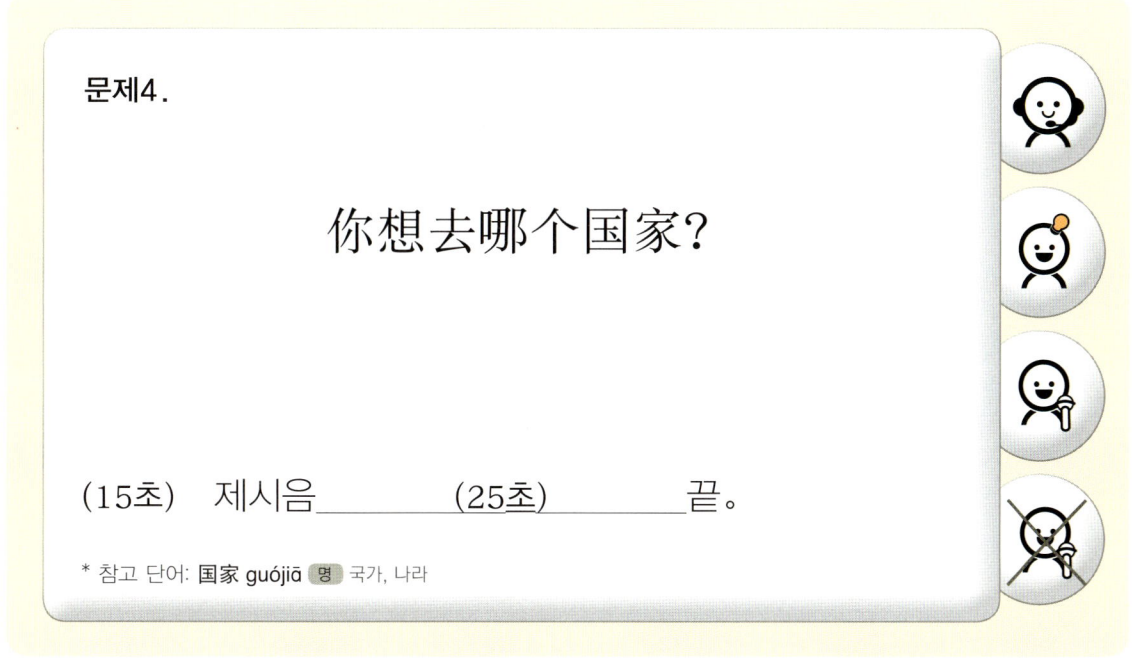

중국의 브랜드 네이밍

• 중국 진출 브랜드 네이밍 전략

인구 14억 명의 중국이 세계에서 가장 매력적인 시장으로 떠오르면서 국내 기업은 물론이고 세계적인 브랜드들이 중국으로 진출하고 있다. 그런데 이들 브랜드는 모두 중국식 명칭을 사용하고 있다. 세계 최고 거대시장을 잡기 위해 국내 브랜드는 물론 세계적인 브랜드들이 자존심을 버리고 기꺼이 중국식 작명법을 택하고 있다. 브랜드를 생명으로 여기는 세계적 기업들이 유독 중국에서 자존심을 굽히는 것은 중국인들의 작명감각이 워낙 특이하고 우리와 달리 중국어가 표의문자(表意文字)를 사용하고 있기 때문이다. 게다가 중국인들은 중화사상(中华思想)이 강해 외국어를 사용하지 않으려 하는데다 문맹률도 높다. 따라서 외국 브랜드들은 자국어를 그대로 사용하기 보다는 모두 중국소비자의 감각에 맞게 새로이 브랜드 네이밍을 한다. 일본의 마츠다(Mazda) 자동차는 처음에 일본 한자를 그대로 사용했다. 그러나 중국에서 문제가 생겼다. '松田(sōngtián)'과 중국 한자 '送天(sòngtiān)'은 발음이 비슷해 '하늘나라로 보낸다'는 뜻으로 인식을 한 것이다. 마츠다는 이를 빨리 깨닫고 네이밍을 교체했다. 즉, '마츠다'라는 발음을 그대로 살려 '马自达(mǎzìdá)' '가고 싶은 곳에

간다'라는 의미를 담아 자동차를 이용해 자유를 만끽할 수 있는 이미지를 소비자에게 주어 네이밍을 바꾼 후에야 중국에서 자리를 잡을 수 있었다. 브랜드 네임은 언어로 이루어져 있으며 언어는 그 사용 방법에 따라서 상상도 못할 정도로 화복(禍福)을 좌우하는 불가사의한 힘을 가지고 있다. 기업은 상품 판매와 기업 이미지를 높이기 위해 소비자와 브랜드로 커뮤니케이션을 해야 한다. 가능한 한 소비자에게 다가가 좀 더 친밀하고 쉽게 공감대를 형성하려면 제품의 품질은 물론이고 브랜드 네이밍에 신경 써야 함은 필연적이라고 생각한다.

*한편 중국 진출 상품의 브랜드 네이밍은 중국 법률과 정책에 맞춰야 한다.
중국에서는 법률상 '중국' 또는 '중화'라는 명칭은 회사명이나 브랜드로 사용하지 못하게 되어 있다.

명함 읽기

```
① 东光公司
② 海外营业部 / ③ 职员

       ④ 房贵男

⑤(110-020) ⑥首尔市00区00洞123-4
⑦ Tel. 02) 000 - 0000   ⑨ HP. 010 - 0000 - 0000
⑧ Fax. 02) 000 - 0000   ⑩ E-mail. china@sisabook.com
```

① 公司名 gōngsīmíng 회사명

② 部门 bùmén 부서

③ 职位 zhíwèi 직위

④ 名字 míngzi 이름

⑤ 邮编 yóubiān 우편번호

⑥ 地址 dìzhǐ 주소

⑦ 电话 diànhuà 전화

⑧ 传真 chuánzhēn 팩스

⑨ 手机 shǒujī 휴대전화

⑩ 电子邮件 diànzǐ yóujiàn 이메일

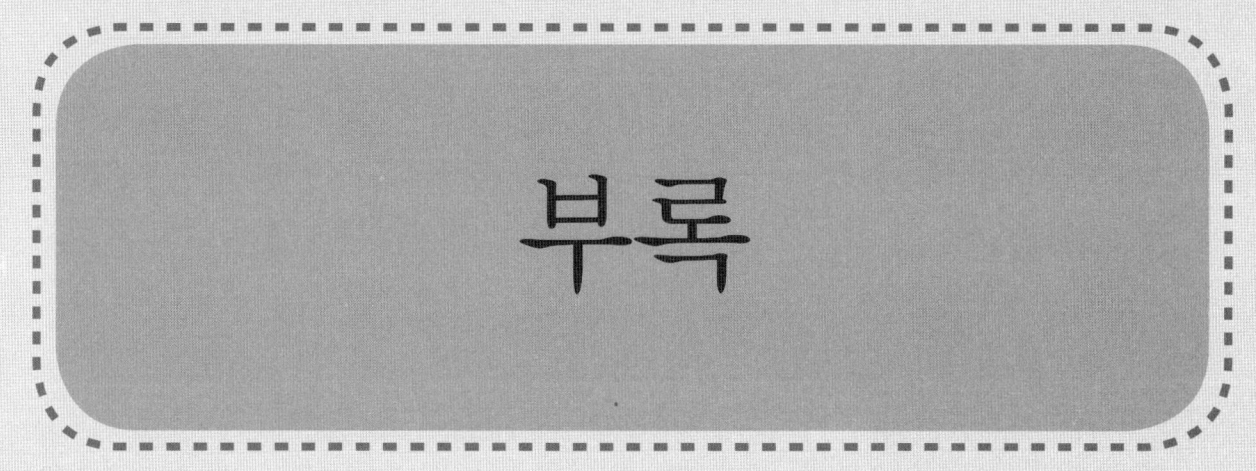

간체자 구성 원리

서기 1949년 중국 대륙에는 모택동이 이끄는 공산당에 의해 중화인민공화국이 선포되었다. 모택동은 1951년 문자개혁의 필요성을 인식하여 한자의 4난 (难认, 难记, 难写, 难读)의 문제점을 해결하고 보통화 보급운동을 위해 한자의 간화 운동을 추진하였다. 1956년 국무원이 정식으로 《한자간화방안》을 공포한 이래 지속적인 수정 작업을 거쳐 1964년 5월 '문자개혁위원회'가 《간체자총표》총 2238의 간체자를 공포하였다. 한자를 간화한 방법을 분석해 보면 다음과 같이 몇 가지 유형으로 나눌 수 있다.

1. 옛날부터 사용하던 간체자를 그대로 사용

   (1) 일반 대중이 널리 쓰던 속자를 가려쓸 것

   双(雙), 旧(舊), 会(會), 当(當), 画(畫)

   (2) 해석화시킨 것 (혹은 윤곽을 따온 것)

   书(書), 鸟(鳥), 东(東), 见(見), 为(爲), 马(馬), 专(專), 龟(龜), 仓(倉), 尽(盡)

   (3) 옛날 고문의 한자를 그대로 사용

   气(氣), 万(萬), 礼(禮), 虫(蟲), 与(與)

2. 원래 글자에서 일부분을 사용

   (1) 첫부분을 사용

   习(習), 声(聲), 飞(飛), 医(醫), 业(業)

   (2) 좌방을 사용

   号(號), 亲(親), 虽(雖), 乡(鄉), 类(類)

   (3) 우방을 사용

   务(務), 条(條), 复(複)

   (4) 중간이나 내부를 사용

   里(裏), 开(開), 术(術), 灭(滅)

3. 새로 만든 글자

   (1) 회의 (会意)

   阴(陰), 泪(淚), 笔(筆), 队(隊), 孙(孫)

   (2) 형성 (形声)

   远(遠), 灯(燈), 惊(驚), 种(種), 认(認)

   (3) 간단한 부호와 편방을 쓴 경우

   ⓐ 발음이 관련이 없는 경우

   难(難), 对(對), 鸡(雞), 汉(漢)

   ⓑ 발음이 관련이 있는 경우

   种(種), 肿(腫), 亿(億), 拥(擁)

4. 발음이 같고 횟수가 적은 글자로 획수가 많은 글자를 대체한 것

   几(幾), 丑(醜), 干(幹)

한자 필순의 기본 원칙

'필순'이란 한자 낱자를 쓸 때의 순서를 의미한다.

(1) 위에서 아래로 쓴다.
   예 三, 工, 言, 客

(2) 왼쪽에서 오른쪽으로 쓴다.
   예 川, 州, 外

(3) 좌우 대칭될 때는 가운데 부분을 먼저 쓰고 왼쪽, 오른쪽의 순서로 쓴다.
   예 小, 水, 乐

(4) 가로와 세로가 겹칠 때에는 가로획을 먼저 긋는다.
   예 木, 支, 十

(5) 가운데를 뚫는 획은 나중에 긋는다.
   예 中, 车, 手

(6) 허리를 끊는 획은 나중에 긋는다.
   예 母, 女

(7) 받침은 나중에 긋는다. 단, 走, 足는 받침을 먼저 쓴다.
   예 近, 建, 道

(8) 오른쪽 위에 있는 점은 맨 뒤에 찍는다.
   예 犬, 代, 成

(9) 몸과 안이 있을 때는 몸부터 먼저 긋는다.
   예 同, 固, 内, 因

(10) 삐침은 파임보다 먼저 쓴다.
   예 父, 人, 文

TIP
왼쪽 아래로 향하는 것이 삐침
오른쪽 아래로 향하는 것이 파임이다.

해석

제1과 안녕하세요!

본문

회화1

방귀남: 여러분 안녕하세요!
　　　　저는 방귀남입니다.
고대로: 안녕하세요!
　　　　저는 고대로입니다.
오공주: 안녕하세요! (아침인사)
　　　　저는 오공주입니다.

회화2

방귀남: 안녕하세요!
　　　　저는 방귀남이라고 합니다.
한만은: 안녕하세요!
　　　　저는 한만은이라고 합니다.
　　　　환영합니다.

핵심 문형 말해보기

1. 한국인
   (교체연습: 중국인 / 미국인)
   입니다.
   한국인입니다.
   나는 한국인입니다.
   나는 한국인이 아닙니다.
2. 중국
   (교체연습: 한국 / 일본)
   갑니다.
   중국에 갑니다.
   나는 중국에 갑니다.
   나는 중국에 가지 않습니다.
3. 햄버거
   (교체연습: 국수 / 빵)
   먹습니다.
   햄버거를 먹습니다.
   그는 햄버거를 먹습니다.
   그는 햄버거를 먹지 않습니다.

TSC 도전하기

1. 녹음) 그녀는 어느 나라 사람입니까?
2. 녹음) 그는 어디에 갑니까?
3. 녹음) 그는 무엇을 먹습니까?
4. 녹음) 그녀들은 강아지를 사랑합니까?

제2과 잘 부탁드립니다.

본문

회화1

최고봉: 제가 소개하겠습니다.
　　　　저는 해외영업팀의 차장 최고봉입니다.
방귀남: 안녕하세요.
　　　　잘 부탁드리겠습니다.

회화2

최고봉: 이 분은 이과장입니다. 그녀는 중국인입니다.
이설리: 안녕하세요! 이것은 제 명함입니다.
방귀남: 감사합니다.
이설리: 성함이 어떻게 되세요?
방귀남: 제 성은 방이고, 방귀남이라고 부릅니다.

핵심 문형 말해보기

1. 동료
   (교체연습: 친구 / 엄마)
   동료입니다.
   나의 동료입니다.
   이 분은 나의 동료입니다.
   저(그) 분은 나의 동료입니다.
   저(그) 분은 나의 동료가 아닙니다.
2. 중국어 책
   (교체연습: 옷 / 사과)
   중국어 책입니다.
   나의 중국어 책입니다.
   이것은 나의 중국어 책입니다.
   이것들은 나의 중국어 책입니다.
   이것들은 내가 산 중국어 책입니다.

TSC 도전하기

1. 녹음) 이것은 누구의 명함입니까?
2. 녹음) 이것은 무엇입니까?
3. 녹음) 그녀는 누구입니까?
4. 녹음) 당신은 어느 나라 사람입니까?

제3과 제 자리는 어디에 있습니까?

본문

회화1

방귀남: 말씀 좀 여쭙겠습니다, 제 자리는 어디에 있습니까?
오공주: 바로 여기입니다.
방귀남: 화장실은 어디에 있습니까?
오공주: 화장실은 사무실 맞은편에 있습니다.

회화2

이것은 제 (사무용)책상입니다.
나의 자리 왼쪽은 오대리님입니다.
나의 오른쪽은 고과장님입니다.
나의 앞쪽은 부장님입니다.
복사기는 사무실 입구에 있습니다.
프린터는 저기에 있습니다.

핵심 문형 말해보기

1. 앞쪽
   (교체연습: 오른쪽/ 왼쪽 / 맞은편 / 옆)
   나의 앞쪽.
   나의 앞쪽에 있습니다.
   그는 나의 앞쪽에 있습니다.
   그는 나의 앞쪽에 있지 않습니다.
2. 화장실, 사무실
   (교체연습: 식당, 은행 / 맥도널드, 중국은행 / 상점, 우체국)
   사무실 맞은편.
   사무실 맞은편에 있습니다.
   화장실은 사무실 맞은편에 있습니다.
   화장실은 사무실 맞은편에 있습니까?

TSC 도전하기

1. 녹음) 그는 어디에 있습니까?
2. 녹음) 그는 어디에 있습니까?
3. 녹음) 김대리 오른쪽은 고과장입니까?
4. 녹음) 당신의 회사는 어디에 있습니까?

제4과 지금 시간 있습니까?

본문

회화1

최고봉: 지금 시간 있습니까?
　　　　우리 커피 한 잔 마시는 게, 어때요?
방귀남: 좋습니다.
〈회사 1층 커피숍에서〉
최고봉: 저는 아이스 라떼 마실게요, 당신은요?
방귀남: 저는 아이스 아메리카노 마시겠습니다.
최고봉: 아이스 라떼 한 잔, 아이스 아메리카노 한 잔 주세요.
종업원: 사원증 있습니까?
최고봉: 있습니다.

회화2

최고봉: 일은 어때요?
방귀남: 할만합니다. (그런대로 괜찮습니다.)
최고봉: 어디 사세요?
　　　　회사에서 집까지 멀어요?
방귀남: 저는 종로에 삽니다.
　　　　회사에서 집까지 멀지 않습니다.

핵심 문형 말해보기

1. 자전거
   (교체연습: 사전 / 미국 친구)
   있습니다.
   나는 있습니다.
   나는 자전거가 있습니다.
   나는 자전거 한 대가 있습니다.
   나는 자전거가 없습니다.
   당신은 자전거가 있습니까?
2. 한국, 중국
   (교체연습: 서울, 베이징 / 여기, 은행)
   한국에서 중국.
   한국에서 중국까지 멉니까?
   한국에서 중국까지 멀지 않습니다.
   한국에서 중국까지 (매우) 가깝습니다.

TSC 도전하기

1. 녹음) 책상 위에는 무엇이 있습니까?
2. 녹음) 사무실에는 몇 명이 있습니까?
3. 녹음) 그는 햄버거를 먹습니까?
4. 녹음) 당신의 집에서 회사까지는 멉니까?

해석

제5과 우리 어디에서 만날까요?

본문

회화1
방귀남: 여보세요, 봉구 있습니까?
봉 구: 접니다, 귀남이니?
　　　　일은 순조롭니?
방귀남: 응, 그럭저럭.
　　　　이번 주 금요일에 시간 있어?
　　　　우리 같이 저녁 먹자, 어때?
봉 구: 좋아!

회화2
봉 구: 우리 어디에서 만날까?
방귀남: 종로역에서 만나자.
봉 구: 좋아, 너 몇 시에 퇴근해?
방귀남: 6시, 그럼 6시 반에 종로역 3번 출구 앞쪽에서 만나자!
봉 구: 좋아! 만날 때까지 기다리자.

핵심 문형 말해보기

1. 만나다
   (교체연습: 저녁을 먹다 / 영화를 보다)
   우리 만납시다!
   우리는 여섯 시에 만납니다.
   우리 몇 시에 만날까요?
   우리 어디에서 만날까요?
2. 저녁(밥)을 먹다.
   (교체연습: 점심을 먹다 / 중국에 가다)
   같이 저녁을 먹습니다.
   우리는 같이 저녁을 먹습니다.
   우리 같이 저녁 먹는 게, 어때요?
   이번 주 토요일에 우리 같이 저녁 먹는 게, 어때요?

TSC 도전하기

1. 녹음) 지금 몇 시입니까?
2. 녹음) 오늘은 몇 월 며칠, 무슨 요일입니까?
3. 녹음) 오늘은 토요일입니까?
4. 녹음) 오늘은 몇 월 며칠, 무슨 요일입니까?

제6과 새 일은 어때요?

본문

회화1
봉 구: 오랫만이야! 새 일은 어때?
방귀남: 그저 그래. 이거 내 명함이야.
봉 구: 와! 정말 대단하다! 축하해!
　　　　너희 부서는 모두 몇 명이야?
방귀남: 6명.
　　　　부장님, 차장님, 과장님 2명, 대리님과 나.

회화2
봉 구: 부서 사람들은 너한테 어때?
방귀남: 모두 좋아.
봉 구: 부서에 예쁜 여자 없어?
방귀남: 있어. 오대리님.
　　　　예쁘시고, 또한 똑똑하셔.
　　　　그런데 성격이 안 좋아.

핵심 문형 말해보기

1. 가다, 중국
   (교체연습: 보다, 중국 영화 / 먹다, 빵)
   나는 갑니다.
   당신은 중국에 갑니까?
   당신도 (또한) 중국에 갑니까?
   당신은 중국에 갑니까 안 갑니까?
   나도 (또한) 중국에 갑니다.
2. 중국어, 어렵다
   (교체연습: 중국인, 많다 / 이 옷, 비싸다)
   어렵습니다.
   어렵습니까?
   중국어는 어렵습니까?
   중국어는 어렵습니까 안 어렵습니까?
   중국어는 (매우) 어렵습니다.
   중국어는 어렵지 않습니다.

TSC 도전하기

1. 녹음) 책상 위에는 무엇이 있습니까?
2. 녹음) 그는 바쁩니까 안 바쁩니까?
3. 녹음) 이 옷은 어떻습니까?
4. 녹음) 당신 부서엔 몇 사람이 있습니까?

제7과 새 핸드폰 번호는 몇 번입니까?

본문

회화1

방귀남: 너 핸드폰 바꿨니?
봉 구: 응(맞아)! 내 핸드폰번호도 바꿨어.
방귀남: 그래? 새 핸드폰 번호가 몇 번이야?
봉 구: 01013452689.
방귀남: 응.

회화2

방귀남: 집에 가자! 오늘은 내가 계산할게.
         여기요, 계산해 주세요.
종업원: 모두 56,000원입니다.
봉 구: 우리 노래방 가자, 어때?
방귀남: 좋아.
봉 구: 노래 부르는 건 내가 쏠게.

핵심 문형 말해보기

1. 핸드폰 번호
   (교체연습: 전화번호 / 신분증 번호 / 차 번호)
   당신의 핸드폰 번호.
   당신의 핸드폰번호는 몇 번입니까?
2. 오만육천원 (56,000)
   (교체연습: 삼만 칠천 / 일만 구천 / 사만 삼천)
   오만 육천 위안입니다.
   모두(합해서) 오만 육천 위안입니다.
   케이크 한 개, 우유 두 잔은 모두(합해서) 오만 육천 위안입니다.

TSC 도전하기

1. 녹음) 핸드폰 번호가 몇 번입니까?
2. 녹음) 모두 얼마입니까?
3. 녹음) 그의 방 번호는 307호입니까?
4. 녹음) 당신의 핸드폰 번호는 몇 번입니까?

제8과 저는 출입카드를 만들고 싶습니다.

본문

회화1

방귀남: 과장님, 저 출입카드를 만들고 싶습니다.
         어디에서 출입카드를 만드는 겁니까?
고대로: 인사팀이요.
방귀남: 인사팀은 몇 층에 있나요?
고대로: 12층이요.
방귀남: 감사합니다.
고대로: 천만에요.

회화2

〈인사팀에 도착해서〉
방귀남: 안녕하세요!
         저는 해외영업팀의 신입사원 방귀남이라고 합니다. 실례지만, 어느 분이 김대리님이십니까?
김대리: 접니다, 무슨 일이시죠?
방귀남: 출입카드를 만들고 싶습니다.
         인사팀에서 만드는 거라고 들었습니다.
김대리: 카드를 만들려면 본인 사진이 필요해요.
방귀남: 그렇습니까? 그럼 내일 다시 오겠습니다.

핵심 문형 말해보기

1. 먹다, 국수
   (교체연습: 보다, 영화 / 마시다, 맥주)
   나는 먹기를 원합니다.
   나는 국수 먹기를 원합니다.
   나도 (또한) 국수 먹기를 원합니다.
   당신은 원합니까?
   당신은 먹기를 원합니까?
   당신도 (또한) 먹기를 원합니까?
   당신도 (또한) 국수 먹기를 원합니까?
2. 가다, 중국
   (교체연습: 가다, 유럽 / 사다, 코트 한 벌)
   나는 가고 싶습니다.
   나는 중국에 가고 싶습니다.
   나도 (또한) 중국에 가고 싶습니다.
   당신은 중국에 가고 싶습니까?
   당신은 중국에 가고 싶습니까 안 가고 싶습니까?
   당신도 (또한) 중국에 가고 싶습니까?

TSC 도전하기

1. 녹음) 해외영업부는 몇 층입니까?
2. 녹음) 그는 무엇을 하려고 합니까?
3. 녹음) 그녀는 어디에 가고 싶습니까?
4. 녹음) 당신은 어느 나라에 가고 싶습니까?

정답

발음편

연습문제

[p.23]

1. (1) o (2) u (3) en (4) ian (5) ei
   (6) uo (7) en (8) uang (9) wai (10) you

2. (1) yuan (2) yun (3) wan (4) wei (5) yang
   (6) ye (7) ou (8) eng (9) ei (10) you

[p.34]

1. (1) qù (2) wǔ (3) bó (4) dà (5) kě
   (6) xiāo (7) jiě (8) zǎo (9) pāi (10) huó

2. (1) gāo (2) pǎ (3) xiān
   (4) mán (5) cì (6) dōu
   (7) chuān (8) juǎn (9) kè
   (10) dù (11) hū (12) mài
   (13) cǔ (14) gà (15) huán

제1과 [p.44~47]

연습문제

듣기
① 是 ② 见 ③ 叫 ④ 吃 ⑤ 去

말하기
1. A : <u>你们好！</u>
   B, C : 您好！
2. A : 晚上好！
   B : <u>晚上好！/ 你好！</u>
3. A : 一会儿见！
   B : <u>一会儿见！/ 再见！</u>

읽기
1. 你好！ — 一会儿见！
2. 再见！ — 您好！
3. 早上好！ — 早上好！

쓰기
1. 我们是韩国人。
2. 他叫房贵男。
3. 他们吃汉堡包。
4. 我不去中国。

TSC 도전하기

1. 녹음) 问：她是哪国人？
   她是韩国人。
2. 녹음) 问：他去哪儿？
   他去中国。
3. 녹음) 问：他吃什么？
   他吃汉堡包。
4. 녹음) 问：她们爱小狗吗？
   她们爱小狗。

제2과 [p.58~61]

연습문제

듣기
① 公司 ② 朋友 ③ 介绍 ④ 名片 ⑤ 同事

말하기
1. A: 对不起。
   B: <u>没关系。/ 没事儿。</u>
2. A: 谢谢。
   B: <u>不客气。</u>
3. A: <u>这是我的名片。</u>
   B: 谢谢。

읽기
1. 你是哪国人？ — 谢谢。
2. 这是我的名片。 — 我是中国人。
3. 他们是哪国人？ — 他们是韩国人。

160

쓰기

1. 请多指教。
2. 请等一下。
3. 那不是我的同事。

TSC 도전하기

1. 녹음) 问：这是谁的名片？

   这是金部长的名片，他叫金韩国。

2. 녹음) 问：这是什么？

   这是书。/ 这是汉语书。
   / 这是房贵男的汉语书。

3. 녹음) 问：她是谁？

   我来介绍一下。这是我们公司的金代理，她是中国人。

4. 녹음) 问：你是哪国人？

   예) 我是韩国人。

제3과 [p.74~77]

연습문제

듣기

① 左边 ② 右边 ③ 门口 ④ 旁边 ⑤ 桌子

말하기

1. A: 金代理在吗？
   B: 金代理不在。/ 她不在。
   A: 她去哪儿？
   B: 她去银行。
2. A: 我的书在哪儿？
   B: 你的书在桌子上（边）。

읽기

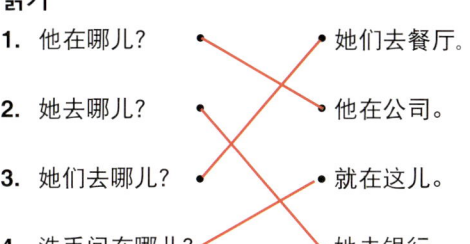

쓰기

1. 他去洗手间。
2. 请问，我的座位在哪儿？
3. 金代理不在韩国。
4. 复印机在办公室门口。

TSC 도전하기

1. 녹음) 问：他在哪儿？

   他在洗手间前边。

2. 녹음) 问：他在哪儿？

   他在中国。/ 他在北京。

3. 녹음) 问：金代理右边是高科长吗？

   不，金代理右边是韩次长。

4. 녹음) 问：你们的公司在哪儿？

   예) 我们的公司在江南(Jiāngnán 강남)。

제4과 [p.88~91]

연습문제

듣기

① 离 ② 件 ③ 杯 ④ 瓶 ⑤ 两

말하기

1. A: 这是你的手机吗？
   B: 这不是我的手机。
2. A: 现在有空吗？
   B: 没有。/ 现在没空。
3. A: 你有中国朋友吗？
   B: 我有中国朋友。/ 我有两个中国朋友。

읽기

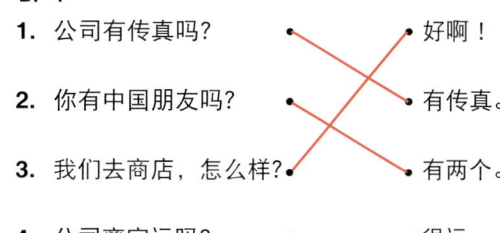

정답

쓰기
1. 我们吃面包，怎么样?
2. 我有一辆自行车。
3. 这儿离那儿远吗? / 那儿离这儿远吗?
4. 现在有空吗?

TSC 도전하기
1. 녹음) 问：桌子上边有什么?

   桌子上(边)有苹果。
   / 桌子上(边)有两个苹果。

2. 녹음) 问：办公室里边有几个人?

   办公室里(边)有五个人。

3. 녹음) 问：他吃汉堡包吗?

   不，他喝啤酒。 / 他不吃汉堡包，喝啤酒。

4. 녹음) 问：你家离公司远吗?

   예) 我家离公司很远。 / 我家离公司不远。

제5과 [p.102~105]

연습문제
듣기
① 下班　② 顺利　③ 时间　④ 休息　⑤ 一刻

말하기
1. A: 这个星期六你有时间吗?
   / 这个星期六你有空吗?
   B: 对不起，这个星期六没有时间。
2. A: 我们几点见面?
   B: 我们两点半见面(吧)。
   / 我们两点三十分见面(吧)。
   A: 我们在哪儿见?
   B: 首尔站四号出口。
   / 我们在首尔站四号出口见(吧)。

읽기
1. 今天星期几? — 星期三。
2. 现在几点? — 六点半。
3. 我们在哪儿见面? — 餐厅。
4. 我们在首尔站见面吧。 — 不见不散。

쓰기
1. 我们一起看电影，怎么样?
2. 她们在家喝酒。
3. 明天不是二十号。
4. 差十分九点。

TSC 도전하기
1. 녹음) 问：现在几点?

   现在六点四十五分。 / 现在六点三刻。
   / 现在差十五分七点。 / 现在差一刻七点。

2. 녹음) 问：今天几月几号，星期几?

   今天(是)二零一三年七月一号，星期一。

3. 녹음) 问：今天是星期六吗?

   不是，今天(是)星期天。
   / 今天不是星期六，是星期天。

4. 녹음) 问：今天是几月几号? 星期几?

   예) 今天是三月八号，星期六。

제6과 [p.118~121]

연습문제
듣기
① 难　② 也　③ 口　④ 对　⑤ 真

말하기
1. A: 他有女朋友吗?
   B: 有。
   A: 他的女朋友是哪国人?
   B: 中国人。

A: 他的女朋友漂亮吗？
/ 他的女朋友漂亮不漂亮？
B: 她很漂亮。

읽기

1. 他们对你怎么样？ — 都不错。
2. 新工作好不好？ — 马马虎虎。
3. 恭喜恭喜！ — 谢谢！
4. 工作忙吗？ — 不忙。

쓰기

1. 你们一共几个人？
2. 你也去中国吗？
3. 她很漂亮，也很聪明。/ 她很聪明，也很漂亮。

▶ TSC 도전하기

1. 녹음) 问：桌子上有什么？

   桌子上有苹果，书，啤酒。
   / 桌子上有苹果，书和啤酒。
   / 桌子上有一个苹果，一本书和两瓶啤酒。

2. 녹음) 问：他忙不忙？

   他很忙。/ 他很忙，也很累。

3. 녹음) 问：这件衣服怎么样？

   这件衣服很漂亮。/ 这件衣服挺贵的。
   / 这件衣服很漂亮，不过很（非常/ 真）贵。

4. 녹음) 问：你们部门有几个人？

   예) 我们部门（一共）有八个人。

제7과 [p.132~135]

▶ 연습문제

듣기

① 房间 ② 回家 ③ 号码 ④ 请客 ⑤ 结账

말하기

1. A: 一辆自行车多少钱？
   B: 一百九十八块。
   / 一辆自行车一百九十八（块）。
2. A: 一个面包多少钱？
   B: 两块八(毛)。/ 一个面包两块八（毛）。
3. A: 一瓶可乐、一杯咖啡多少钱？
   B: 一瓶可乐、一杯咖啡八块五（毛）。
   / 一瓶可乐和一杯咖啡一共八块五（毛）。

읽기

1. 服务员，结账。 — 一共五万六千块。
2. 房间号码是多少？ — 8802号。
3. 你们一共有几个人？ — 6个人。
4. 现在几点了？ — 5点。

쓰기

1. 我们去歌厅，怎么样？
2. 你的手机号码是多少？
3. 我的手机号码换了。
4. 今天我来付钱。

▶ TSC 도전하기

1. 녹음) 问：手机号码是多少？

   幺三五零幺三五二九二零。(13501352920.)
   / 手机号码是幺三五零幺三五二九二零。

2. 녹음) 问：一共多少钱？

   一百三十七块五（毛）。
   / 一共一百三十七块五（毛）。

3. 녹음) 问：他的房间号码是三零七号吗？

   不，他的房间号码是三三零七号。/
   / 他的房间号码不是三零七号，是三三零七号。

4. 녹음) 问：你的手机号码是多少？

   예) 我的手机号码是零幺零零四零八零八八八。
   (01004080888)

정답

제8과 [p.146~149]

연습문제

듣기

① 学　② 哪　③ 想　④ 要　⑤ 办

말하기

1. A: 哪辆自行车是你的？
   B: 那辆自行车是我的。
2. A: 你要喝可乐吗？
   B: 我不想喝可乐，想喝咖啡。
3. A: 你想去中国吗？
   B: 我不想去中国，想去美国。

읽기

1. 要几张相片？ — 两张。
2. 你想去中国吗？ — 很想去。
3. 你要换钱吗？ — 不用。
4. 人事部在几楼？ — 12楼。

쓰기

1. 我不想喝茶。
2. 听说是在人事部办。
3. 明天我再来吧。 / 我明天再来吧。
4. 他要买那本书。

TSC 도전하기

1. 녹음) 问：海外营业部在几楼？

   海外营业部在十四楼。

2. 녹음) 问：他要做什么？

   他要换钱。 / 他要在中国银行换钱。

3. 녹음) 问：她想去哪儿？

   她想去中国。

4. 녹음) 问：你想去哪个国家？

   예) 我想去中国。

과별 색인

제1과 안녕하세요!

꼬마사전

大家 dàjiā 대 여러분, 모두
好 hǎo 형 좋다
是 shì 동 ~이다
不是 búshì 동 ~이/가 아니다
你 nǐ 대 너, 당신
早上 zǎoshang 명 아침
晚上 wǎnshang 명 저녁
您 nín 대 당신('你'의 존칭)
叫 jiào 동 부르다
欢迎 huānyíng 동 환영하다

더하기

对不起。Duìbuqǐ. 동 죄송합니다.
不好意思。Bù hǎoyìsi. 동 미안합니다.
没关系。Méi guānxi. 동 괜찮습니다.
没事儿。Méishìr. 동 괜찮습니다.
谢谢。Xièxie. 동 감사합니다.
不客气。Bú kèqi. 동 천만에요.
再见。Zàijiàn. 동 잘 가요. (안녕히 가세요.)
晚安。Wǎn'ān. 동 잘 자요. (안녕히 주무세요.)
辛苦了。Xīnkǔ le. 동 수고하셨습니다.
周末愉快！Zhōumò yúkuài! 주말 잘 보내세요!

제2과 잘 부탁드립니다.

꼬마사전

来 lái 동사 앞에 쓰여 동사를 적극적으로 해보겠다는 의지를 나타냄
介绍 jièshào 동 소개하다
一下 yíxià 동사 뒤에 쓰여 '시험삼아 해 보다' 또는 '좀 ~하다'의 뜻을 나타냄

海外营业部 hǎiwài yíngyèbù 명 해외영업팀
的 de 조 ~의
次长 cìzhǎng 명 차장
请 qǐng 동 청하다, 부탁하다
多 duō 형 많다
指教 zhǐjiào 동 지도하다, 가르침을 주다
这 zhè 대 이, 이것(근칭)
那 nà 대 저, 그, 저것, 그것
科长 kēzhǎng 명 과장
名片 míngpiàn 명 명함
谢谢 xièxie 동 감사합니다, 고맙습니다
贵姓 guìxìng 동 성씨가 어떻게 되세요?
姓 xìng 명 동 성, 성씨, 성이 ~이다

더하기

会长 huìzhǎng 명 회장
社长 shèzhǎng 명 사장(CEO)
副社长 fùshèzhǎng 명 부사장
专务 zhuānwù 명 전무
常务 chángwù 명 상무
理事 lǐshì 명 이사
部长 bùzhǎng 명 부장
组长 zǔzhǎng 명 팀장
次长 cìzhǎng 명 차장
科长 kēzhǎng 명 과장
代理 dàilǐ 명 대리
职员 zhíyuán 명 직원, 사원

제3과 제 자리는 어디에 있습니까?

꼬마사전

请问 qǐngwèn 말씀 좀 여쭙겠습니다
座位 zuòwèi 명 좌석, 자리

과별 색인 165

과별 색인

在 zài 동 있다(존재)
哪儿 nǎr 대 어디
就 jiù 부 바로
这儿 zhèr 대 여기, 이곳
洗手间 xǐshǒujiān 명 화장실
办公室 bàngōngshì 명 사무실
对面 duìmiàn 명 맞은편
办公桌 bàngōngzhuō 명 사무용 책상
左边 zuǒbian 명 왼쪽, 왼편
右边 yòubian 명 오른쪽, 오른편
代理 dàilǐ 명 대리
前边 qiánbian 명 앞, 앞쪽
后边 hòubian 명 뒤, 뒤쪽
复印机 fùyìnjī 명 복사기
门口 ménkǒu 명 입구
打印机 dǎyìnjī 명 프린터
那儿 nàr 대 저기, 거기, 저곳, 그곳

정리노트

东 dōng 명 동
西 xī 명 서
南 nán 명 남
北 běi 명 북
旁 páng 명 옆
前 qián 명 앞
后 hòu 명 뒤
左 zuǒ 명 좌
右 yòu 명 우
间 jiān 명 사이
上 shàng 명 위
下 xià 명 아래
里 lǐ 명 안
外 wài 명 밖

中 zhōng 명 안, 속
东边 dōngbian 명 동쪽
西边 xībian 명 서쪽
南边 nánbian 명 남쪽
北边 běibian 명 북쪽
上边 shàngbian 명 위쪽
下边 xiàbian 명 아래쪽
里边 lǐbian 명 안쪽
外边 wàibian 명 바깥쪽
旁边 pángbiān 명 옆
对面 duìmiàn 명 맞은편
斜对面 xiéduìmiàn 명 대각선 맞은편
中间 zhōngjiān 명 중간

더하기

董事长 dǒngshìzhǎng 명 대표 이사, 회장
总经理 zǒngjīnglǐ 명 사장, 최고 경영자
总监 zǒngjiān 명 총감독, 총책임자
经理 jīnglǐ 명 매니저
部门经理 bùmén jīnglǐ 명 업무팀장, 매니저
主任 zhǔrèn 명 주임

제4과 지금 시간 있습니까?

꼬마사전

现在 xiànzài 명 지금
有 yǒu 동 있다(소유)
没有 méiyǒu 동 없다
空 kòng 명 틈, 시간, 여유
吗 ma 조 문장 끝에 쓰여 의문을 나타냄
喝 hē 동 마시다
杯 bēi 양 잔

咖啡 kāfēi 명 커피
怎么样 zěnmeyàng 대 어때요, 어떠한가
冰拿铁 bīng nátiě 명 아이스 라떼
呢 ne 조 문장 끝에 쓰여 의문을 나타냄
冰美式咖啡 bīng měishì kāfēi 명 아이스 아메리카노
服务员 fúwùyuán 명 종업원
员工卡 yuángōngkǎ 명 사원증
工作 gōngzuò 명 동 일, 일하다
还可以 hái kěyǐ 그저 그렇다, 웬만하다
住 zhù 동 거주하다, 살다
离 lí 개 ~에서 ~까지
远 yuǎn 형 멀다
近 jìn 형 가깝다
钟路 Zhōnglù 고유 종로

정리노트

个 gè 양 개, 명(가장 광범위한 양사)
件 jiàn 양 건, 벌(사건, 일, 옷 등)
本 běn 양 권(책, 서적류)
瓶 píng 양 병(병으로 된 것)
辆 liàng 양 대(차량)
张 zhāng 양 장(종이류, 넓고 평평한 것)
苹果 píngguǒ 명 사과
人 rén 명 사람
事 shì 명 일
衣服 yīfu 명 옷
词典 cídiǎn 명 사전
茶 chá 명 차(tea)
啤酒 píjiǔ 명 맥주
可乐 kělè 명 콜라
自行车 zìxíngchē 명 자전거
汽车 qìchē 명 자동차
报纸 bàozhǐ 명 신문

床 chuáng 명 침대

더하기

一 yī 수 일, 1
二 èr 수 이, 2
三 sān 수 삼, 3
四 sì 수 사, 4
五 wǔ 수 오, 5
六 liù 수 육, 6
七 qī 수 칠, 7
八 bā 수 팔, 8
九 jiǔ 수 구, 9
十 shí 수 십, 10

제5과 우리 어디에서 만날까요?

꼬마사전

喂 wéi 여보세요
就是 jiù shì 바로 ~이다
顺利 shùnlì 형 순조롭다
星期五 xīngqīwǔ 명 금요일
时间 shíjiān 명 시간
一起 yìqǐ 부 같이, 함께
晚饭 wǎnfàn 명 저녁밥
在 zài 개 ~에서
见面 jiàn//miàn 동 만나다
站 zhàn 명 역
吧 ba 조 문장 끝에 쓰여 청유, 확인, 추측, 명령 등을 나타냄
几 jǐ 대 몇
点 diǎn 명 시
下班 xià//bān 동 퇴근하다
上班 shàng//bān 동 출근하다

과별 색인

号 hào 명 호
出口 chūkǒu 명 출구
见 jiàn 동 만나다
不见不散 bújiàn búsàn 성 약속한 장소에서 만날 때까지 기다린다

정리노트

前年 qiánnián 명 재작년
去年 qùnián 명 작년
今年 jīnnián 명 올해
明年 míngnián 명 내년
后年 hòunián 명 후년
上个月 shàng ge yuè 지난달
这个月 zhè ge yuè 이번 달
下个月 xià ge yuè 다음 달
前天 qiántiān 명 그저께
昨天 zuótiān 명 어제
今天 jīntiān 명 오늘
明天 míngtiān 명 내일
后天 hòutiān 명 모레
上个星期 shàng ge xīngqī 명 지난주
这个星期 zhè ge xīngqī 명 이번 주
下个星期 xià ge xīngqī 명 다음 주
星期一 xīngqīyī 명 월요일
星期二 xīngqī'èr 명 화요일
星期三 xīngqīsān 명 수요일
星期四 xīngqīsì 명 목요일
星期五 xīngqīwǔ 명 금요일
星期六 xīngqīliù 명 토요일
星期天 xīngqītiān 명 일요일
星期日 xīngqīrì 명 일요일

더하기

起床 qǐ//chuáng 동 일어나다, 기상하다
吃饭 chī//fàn 동 밥을 먹다, 식사하다
开会 kāi//huì 동 회의하다
出差 chū//chāi 동 출장 가다
聚餐 jùcān 동 회식하다
看电视 kàn diànshì 동 TV를 보다
睡觉 shuì//jiào 동 잠을 자다

제6과 새 일은 어때요?

꼬마사전

好久不见 hǎojiǔ bújiàn 오랜만이다
新 xīn 형 새로운, 새 것의
马马虎虎 mǎmǎ hūhū 형 그저 그렇다
哇 wā 감 와, 우아
真 zhēn 부 진짜로, 참말로
棒 bàng 형 훌륭하다, 대단하다
恭喜 gōngxǐ 동 축하하다
部门 bùmén 명 부서
一共 yígòng 부 모두(수의 합산)
和 hé 개 ~와/과 (*사물이나 사람을 나열할 때는 접속사 용법으로 쓰임)
对 duì 개 ~에게, ~에 대하여, ~에 대해(서)
都 dōu 부 모두
不错 búcuò 형 좋다
漂亮 piàoliang 형 아름답다, 예쁘다
女孩儿 nǚháir 명 여자, 여자 아이
很 hěn 부 아주
也 yě 부 ~또한, 역시
聪明 cōngming 형 똑똑한, 총명한
不过 búguò 접 그러나, 그런데

性格 xìnggé 명 성격

더하기

麦当劳 Màidāngláo 명 맥도널드
肯德基 Kěndéjī 명 KFC
必胜客 Bìshèngkè 명 피자헛
达美乐 dáměilè 명 도미노피자
油条 yóutiáo 명 요우탸오(꽈배기 튀김)

제7과 새 핸드폰 번호는 몇 번입니까?

꼬마사전

换 huàn 동 바꾸다, 교환하다
了 le 조 문장 끝에 쓰여 동작 또는 변화의 완료나 상황의 변화를 나타냄
对 duì 형 맞다, 옳다
号码 hàomǎ 명 번호
零 líng 수 숫자 'o', 제로(zero)
幺 yāo 수 숫자 '1'(*한 자리씩 숫자를 끊어 읽을 때 주로 사용된다.)
回家 huí//jiā 동 귀가하다
付 fù 동 돈을 지불하다
钱 qián 명 돈
结账 jié//zhàng 동 계산하다, 결산하다
万 wàn 수 만
千 qiān 수 천
块 kuài 양 위안(元)
歌厅 gētīng 명 노래방(卡拉OK kǎlāOK)
唱歌 chàng//gē 동 노래 부르다
请客 qǐng//kè 동 한턱 내다, 접대하다, 초대하다

제8과 저는 출입카드를 만들고 싶습니다.

꼬마사전

想 xiǎng 동 조 보고 싶다, ~하고 싶다
办 bàn 동 처리하다
出入卡 chūrùkǎ 명 출입카드
人事部 rénshìbù 명 인사부(팀)
楼 lóu 명 양 건물, 층
别 bié 부 ~하지 마라
客气 kèqi 형 동 예의 바르다, 겸손하다, 체면을 차리다
听说 tīng//shuō 동 듣자 하니, 들은 바로는 (~라고 한다)
位 wèi 양 분(사람을 세는 존경형 양사)
卡 kǎ 명 카드
要 yào 동 조 원하다, 필요하다, ~하려고 한다, ~해야 한다
本人 běnrén 명 (1인칭) 나, 본인
相片 xiàngpiàn 명 사진
再 zài 부 다시, 또

더하기

公司名 gōngsīmíng 명 회사명
部门 bùmén 명 부서
职位 zhíwèi 명 직위
名字 míngzi 명 이름
邮编 yóubiān 명 우편번호
地址 dìzhǐ 명 주소
电话 diànhuà 명 전화
传真 chuánzhēn 명 팩스
手机 shǒujī 명 휴대전화
电子邮件 diànzǐ yóujiàn 명 이메일

병음 색인

A

ài 爱 동 사랑하다		40

B

bā 八 수 팔, 8		82
ba 吧 조 문장 끝에 쓰여 청유, 확인, 추측, 명령 등을 나타냄		97
bàn 办 동 처리하다		140
bàngōngshì 办公室 명 사무실		68
bàngōngzhuō 办公桌 명 사무용 책상		69
bàng 棒 형 훌륭하다, 대단하다		112
bàozhǐ 报纸 명 신문		85
bēi 杯 양 잔		82
běi 北 명 북		70
běibian 北边 명 북쪽		70
Běijīng 北京 고유 베이징(북경)		72
běn 本 양 권(책, 서적류)		85
běnrén 本人 명 (1인칭) 나, 본인		141
bié 别 부 ~하지 마라		140
bīng měishì kāfēi 冰美式咖啡 명 아이스 아메리카노		82
bīng nátiě 冰拿铁 명 아이스 라떼		82
búcuò 不错 형 좋다		113
búguò 不过 접 그러나, 그런데		113
bújiàn búsàn 不见不散 성 약속한 장소에서 만날 때까지 기다린다		97
búshì 不是 동 ~이/가 아니다		38
bùmén 部门 명 부서		112

C

cāntīng 餐厅 명 식당		72
chá 茶 명 차(tea)		85
chàng//gē 唱歌 동 노래 부르다		127
chēpái 车牌 명 차량 번호판		131
chī 吃 동 먹다		40
chídào 迟到 동 지각하다		142
chūkǒu 出口 명 출구		97
chūrùkǎ 出入卡 명 출입카드		140
chuánzhēn 传真 명 팩스		84
chuáng 床 명 침대		85
cídiǎn 词典 명 사전		85
cìzhǎng 次长 명 차장		52
cōngming 聪明 형 똑똑한, 총명한		113

D

dǎyìnjī 打印机 명 프린터		69
dàjiā 大家 대 여러분, 모두		38
dàyī 大衣 명 외투, 코트		145
dàilǐ 代理 명 대리		69
dàngāo 蛋糕 명 케이크		131
dào 到 동 도달하다, 도착하다		130
de 的 조 ~의		52
děng 等 동 기다리다		56
diǎn 点 명 시		97
diànhuà 电话 명 전화		131
diànyǐng 电影 명 영화		101
dōng 东 명 동		70
dōngbian 东边 명 동쪽		70
dōu 都 부 모두		113
duì 对 개 ~에게, ~에 대하여, ~에 대해(서)		113

duì 对 형 맞다, 옳다	126
duìmiàn 对面 명 맞은편	68
duō 多 형 많다	52

E

èr 二 수 이, 2	82

F

fángjiān 房间 명 방	128
fúwùyuán 服务员 명 종업원	82
fù 付 동 돈을 지불하다	127
fùyìnjī 复印机 명 복사기	69

G

gētīng 歌厅 명 노래방(卡拉OK kǎlāOK)	127
gè 个 양 개, 명(가장 광범위한 양사)	85
gōngsī 公司 명 회사	55
gōngxǐ 恭喜 동 축하하다	112
gōngzī 工资 명 월급, 임금	144
gōngzuò 工作 명 동 일, 일하다	83
guì 贵 형 비싸다	117
guìxìng 贵姓 동 성씨가 어떻게 되세요?	53
guó 国 명 나라	56

H

hái kěyǐ 还可以 그저 그렇다, 웬만하다	83
hǎiwài yíngyèbù 海外营业部 명 해외영업팀	52
Hánguó 韩国 고유 한국	43
Hánguórén 韩国人 명 한국인	41
hànbǎobāo 汉堡包 명 햄버거	40
Hànyǔ 汉语 명 중국어	116
Hànyǔshū 汉语书 명 중국어 책	55
hǎo 好 형 좋다	38
hǎojiǔ bújiàn 好久不见 오랜만이다	112
hào 号 명 호	97
hàomǎ 号码 명 번호	126
hē 喝 동 마시다	82
hé 和 개 ~와/과 (*사물이나 사람을 나열할 때는 접속사 용법으로 쓰임)	112
hěn 很 부 아주	113
hòu 后 명 뒤	70
hòubian 后边 명 뒤, 뒤쪽	69
hòunián 后年 명 후년	98
hòutiān 后天 명 모레	99
huānyíng 欢迎 동 환영하다	39
huàn 换 동 바꾸다, 교환하다	126
huí//jiā 回家 동 귀가하다	127

J

jǐ 几 대 몇	97
jiā 加 동 더하다, 가하다	144
jiā 家 명 집	55
jiān 间 명 사이	70
jiàn 件 양 건, 벌(사건, 일, 옷 등)	85
jiàn 见 동 만나다	97
jiàn//miàn 见面 동 만나다	97
jiào 叫 동 부르다	39
jié//zhàng 结账 동 계산하다, 결산하다	127

병음 색인

병음	한자	품사	뜻	쪽
jièshào	介绍	동	소개하다	52
jīnnián	今年	명	올해	98
jīntiān	今天	명	오늘	99
jìn	近	형	가깝다	83
jiǔ	九	수	구, 9	82
jiǔ	酒	명	술	100
jiù	就	부	바로	68
jiù shì	就是		바로 ~이다	96

K

kāfēi	咖啡	명	커피	82
kǎ	卡	명	카드	141
kāi//huì	开会	동	회의하다	144
kàn	看	동	보다	56
kēzhǎng	科长	명	과장	53
kělè	可乐	명	콜라	85
kèqi	客气	형 동	예의 바르다, 겸손하다, 체면을 차리다	140
kòng	空	명	틈, 시간, 여유	82
kǒu	口	양	식구(가족 수에 사용되는 양사)	114
kuài	块	양	위안(元)	127

L

lái	来		동사 앞에 쓰여 동사를 적극적으로 해보겠다는 의지를 나타냄	52
le	了	조	문장 끝에 쓰여 동작 또는 변화의 완료나 상황의 변화를 나타냄	126
lèi	累	형	힘들다, 피곤하다	115
lí	离	개	~에서 ~까지	83
lǐ	里	명	안	70
lǐbian	里边	명	안쪽	70
liàng	辆	양	대(차량)	85
líng	零	수	숫자 '0', 제로(zero)	126
liù	六	수	육, 6	82
lóu	楼	명 양	건물, 층	140

M

māma	妈妈	명	엄마	57
mǎma hūhu	马马虎虎	형	그저 그렇다	112
ma	吗	조	문장 끝에 쓰여 의문을 나타냄	82
mǎi	买	동	사다	57
Màidāngláo	麦当劳	명	맥도널드	73
máng	忙	형	바쁘다	115
máoyī	毛衣	명	스웨터	86
méiyǒu	没有	동	없다	82
Měiguó	美国	고유	미국	87
Měiguórén	美国人	명	미국인	43
ménkǒu	门口	명	입구	69
miànbāo	面包	명	빵	43
miàntiáo	面条	명	국수	43
míngnián	明年	명	내년	98
míngtiān	明天	명	내일	42
míngpiàn	名片	명	명함	53

N

nǎr	哪儿	대	어디	68
nà	那	대	저, 그, 저것, 그것	53
nàr	那儿	대	저기, 거기, 저곳, 그곳	69
nán	南	명	남	70
nánbian	南边	명	남쪽	70

nán 难 형 어렵다	116	qǐng 请 동 청하다, 부탁하다	52
ne 呢 조 문장 끝에 쓰여 의문을 나타냄	82	qǐng//kè 请客 동 한턱 내다, 접대하다, 초대하다	127
nǐ 你 대 너, 당신	38	qǐngwèn 请问 말씀 좀 여쭙겠습니다	68
nín 您 대 당신('你'의 존칭)	39	qù 去 동 가다	40
niúnǎi 牛奶 명 우유	131	qùnián 去年 명 작년	98
nǚháir 女孩儿 명 여자, 여자 아이	113		
nǚpéngyou 女朋友 명 여자친구	114		

O

Ōuzhōu 欧洲 고유 유럽   145

R

rén 人 명 사람	56
rénkǒu 人口 명 인구	114
rénshìbù 人事部 명 인사부(팀)	140
Rìběn 日本 고유 일본	43

P

páng 旁 명 옆	70
pángbiān 旁边 명 옆	70
péngyou 朋友 명 친구	55
píjiǔ 啤酒 명 맥주	85
piàoliang 漂亮 형 아름답다, 예쁘다	113
píng 瓶 양 병(병으로 된 것)	85
píngguǒ 苹果 명 사과	57

S

sān 三 수 삼, 3	82
shāngdiàn 商店 명 상점	72
shàng 上 명 위	70
shàng//bān 上班 동 출근하다	97
shàngbian 上边 명 위쪽	70
shàng ge xīngqī 上个星期 지난주	99
shàng ge yuè 上个月 지난달	98
shēnfènzhèng 身份证 명 신분증	131
shēntǐ 身体 명 몸, 건강	86
shēngrì 生日 명 생일	144
shí 十 수 십, 10	82
shíjiān 时间 명 시간	96
shì 是 동 ~이다	38
shì 事 명 일	85
Shǒu'ěr 首尔 고유 서울	87
shǒujī 手机 명 핸드폰	84
shū 书 명 책	54

Q

qī 七 수 칠, 7	82
qìchē 汽车 명 자동차	85
qiān 千 수 천	127
qián 钱 명 돈	127
qián 前 명 앞	70
qiánbian 前边 명 앞, 앞쪽	69
qiánnián 前年 명 재작년	98
qiántiān 前天 명 그저께	99

병음 색인

shùnlì 顺利 형 순조롭다		96
shuō 说 동 말하다		56
sì 四 수 사, 4		82

T

tīng//shuō 听说 동 듣자 하니, 들은 바로는 (~라고 한다)		141
tóngshì 同事 명 동료		55

W

wā 哇 감 와, 우아		112
wài 外 명 밖		70
wàibian 外边 명 바깥쪽		70
wǎnfàn 晚饭 명 저녁밥		96
wǎnshang 晚上 명 저녁		38
wàn 万 수 만		127
wéi 喂 여보세요		96
wèi 位 양 분(사람을 세는 존경형 양사)		141
wǔ 五 수 오, 5		82
wǔfàn 午饭 명 점심		101

X

xī 西 명 서		70
xībian 西边 명 서쪽		70
xǐshǒujiān 洗手间 명 화장실		68
xià 下 명 아래		70
xià//bān 下班 동 퇴근하다		97
xiàbian 下边 명 아래쪽		70
xià ge xīngqī 下个星期 다음 주		99
xià ge yuè 下个月 다음 달		98
xiàtiān 夏天 명 여름		130
xiànzài 现在 명 지금		82
xiǎng 想 동 조 보고 싶다, ~하고 싶다		140
xiàngpiàn 相片 명 사진		141
xiéduìmiàn 斜对面 명 대각선 맞은편		70
xièxie 谢谢 동 감사합니다, 고맙습니다		53
xīn 新 형 새로운, 새 것의		112
xīngqī'èr 星期二 명 화요일		99
xīngqīliù 星期六 명 토요일		99
xīngqīrì 星期日 명 일요일		99
xīngqīsān 星期三 명 수요일		99
xīngqīsì 星期四 명 목요일		99
xīngqītiān 星期天 명 일요일		99
xīngqīwǔ 星期五 명 금요일		96
xīngqīyī 星期一 명 월요일		99
xìng 姓 명 동 성, 성씨, 성이 ~이다		53
xìnggé 性格 명 성격		113
xiūxi 休息 동 쉬다, 휴식하다		100
xué 学 동 공부하다, 학습하다		142

Y

yāo 幺 수 숫자'1'(한 자리씩 숫자를 끊어 읽을 때 주로 사용된다.)		126
yào 要 동 조 원하다, 필요하다, ~하려고 한다, ~해야 한다		141
yě 也 부 ~또한, 역시		113
yī 一 수 일, 1		82
yīfu 衣服 명 옷		57
yígòng 一共 부 모두(수의 합산)		112

yíhuìr 一会儿 명 짧은 시간, 잠깐 동안, 잠시	42
yìqǐ 一起 부 같이, 함께	96
yíxià 一下 동사 뒤에 쓰여 '시험삼아 해 보다' 또는 '좀 …하다'의 뜻을 나타냄	52
yìjiàn 意见 명 의견	116
yínháng 银行 명 은행	72
yóujú 邮局 명 우체국	73
yǒu 有 동 있다(소유)	82
yǒuyìsi 有意思 형 재미있다	116
yòu 右 명 우	70
yòubian 右边 명 오른쪽, 오른편	69
yuángōng 员工 명 직원	116
yuángōngkǎ 员工卡 명 사원증	82
yuǎn 远 형 멀다	83

Z

zázhì 杂志 명 잡지	71
zài 在 동 있다(존재)	68
zài 在 개 ~에서	97
zài 再 부 다시, 또	141
zǎoshang 早上 명 아침	38
zěnmeyàng 怎么样 대 어때요, 어떠한가	82
zhàn 站 명 역	97
zhāng 张 양 장(종이류, 넓고 평평한 것)	85
zhè 这 대 이, 이것(근칭)	53
zhè ge xīngqī 这个星期 이번 주	99
zhè ge yuè 这个月 이번 달	98
zhèr 这儿 대 여기, 이곳	68
zhēn 真 부 진짜로, 참말로	112
zhíyuán 职员 명 직원	130
zhǐjiào 指教 동 지도하다, 가르침을 주다	52
zhìliàng 质量 명 품질	115
zhōng 中 명 안, 속	70
Zhōngguó 中国 고유 중국	40
Zhōngguórén 中国人 명 중국인	43
zhōngjiān 中间 명 중간	70
Zhōnglù 钟路 고유 종로	83
zhù 住 동 거주하다, 살다	83
zhuōzi 桌子 명 책상, 테이블	71
zìxíngchē 自行车 명 자전거	85
zuótiān 昨天 명 어제	99
zuǒ 左 명 좌	70
zuǒbian 左边 명 왼쪽, 왼편	69
zuòwèi 座位 명 좌석, 자리	68

중국어 음절표

	1															
	a	o	e	-i	er	ai	ei	ao	ou	an	en	ang	eng	ong	i	ia	iao	ie
b	ba	bo				bai	bei	bao		ban	ben	bang	beng		bi		biao	bie
p	pa	po				pai	pei	pao	pou	pan	pen	pang	peng		pi		piao	pie
m	ma	mo	me			mai	mei	mao	mou	man	men	mang	meng		mi		miao	mie
f	fa	fo					fei		fou	fan	fen	fang	feng					
d	da		de			dai	dei	dao	dou	dan	den	dang	deng	dong	di		diao	die
t	ta		te			tai		tao	tou	tan		tang	teng	tong	ti		tiao	tie
n	na		ne			nai	nei	nao	nou	nan	nen	nang	neng	nong	ni		niao	nie
l	la		le			lai	lei	lao	lou	lan		lang	leng	long	li	lia	liao	lie
g	ga		ge			gai	gei	gao	gou	gan	gen	gang	geng	gong				
k	ka		ke			kai	kei	kao	kou	kan	ken	kang	keng	kong				
h	ha		he			hai	hei	hao	hou	han	hen	hang	heng	hong				
j															ji	jia	jiao	jie
q															qi	qia	qiao	qie
x															xi	xia	xiao	xie
zh	zha		zhe	zhi		zhai	zhei	zhao	zhou	zhan	zhen	zhang	zheng	zhong				
ch	cha		che	chi		chai		chao	chou	chan	chen	chang	cheng	chong				
sh	sha		she	shi		shai	shei	shao	shou	shan	shen	shang	sheng					
r			re	ri				rao	rou	ran	ren	rang	reng	rong				
z	za		ze	zi		zai	zei	zao	zou	zan	zen	zang	zeng	zong				
c	ca		ce	ci		cai		cao	cou	can	cen	cang	ceng	cong				
s	sa		se	si		sai		sao	sou	san	sen	sang	seng	song				
	a	o	e		er	ai	ei	ao	ou	an	en	ang	eng		yi	ya	yao	ye

	2						3									4			
	iou	ian	in	iang	ing	iong	u	ua	uo	uai	uei	uan	uen	uang	ueng	ü	üe	üan	ün
		bian	bin		bing		bu												
		pian	pin		ping		pu												
	miu	mian	min		ming		mu												
							fu												
	diu	dian			ding		du		duo		dui	duan	dun						
		tian			ting		tu		tuo		tui	tuan	tun						
	niu	nian	nin	niang	ning		nu		nuo			nuan				nü	nüe		
	liu	lian	lin	liang	ling		lu		luo			luan	lun			lü	lüe		
							gu	gua	guo	guai	gui	guan	gun	guang					
							ku	kua	kuo	kuai	kui	kuan	kun	kuang					
							hu	hua	huo	huai	hui	huan	hun	huang					
	jiu	jian	jin	jiang	jing	jiong										ju	jue	juan	jun
	qiu	qian	qin	qiang	qing	qiong										qu	que	quan	qun
	xiu	xian	xin	xiang	xing	xiong										xu	xue	xuan	xun
							zhu	zhua	zhuo	zhuai	zhui	zhuan	zhun	zhuang					
							chu	chua	chuo	chuai	chui	chuan	chun	chuang					
							shu	shua	shuo	shuai	shui	shuan	shun	shuang					
							ru		ruo		rui	ruan	run						
							zu		zuo		zui	zuan	zun						
							cu		cuo		cui	cuan	cun						
							su		suo		sui	suan	sun						
	you	yan	yin	yang	ying	yong	wu	wa	wo	wai	wei	wan	wen	wang	weng	yu	yue	yuan	yun

- ☐ 부분은 한어병음 표기법 또는 발음에 주의해야 할 음절임.
- ☐ 부분의 음절은 단독으로 쓰일 때의 표기임.
- 감탄사에 나타나는 특수한 음절(ng, hm, hng 등)은 생략함.

MEMO